高效能父母的七项修炼

熊勇　张文娟 ◎ 著

中国纺织出版社有限公司

内容提要

做父母不只要有爱，更要有方法。如何找到与孩子最佳的相处模式是每位家长的必修课。

本书从识自己、懂孩子、明方向、建生态、善沟通、学方法、克难题七个方面进行原理分析和案例解读，可贵的是本书不止步于解释"为什么"，还清晰呈现了"怎么做"。

希望家长和读者们从中能有所启发，同时将其中的方法用于家庭教育和亲子沟通的实践中，帮助大家轻松高效育儿。

图书在版编目（CIP）数据

高效能父母的七项修炼 / 熊勇，张文娟著. --北京：中国纺织出版社有限公司，2023.10
ISBN 978-7-5229-0011-7

Ⅰ.①高⋯ Ⅱ.①熊⋯ ②张⋯ Ⅲ.①家庭教育 Ⅳ.① G78

中国版本图书馆CIP数据核字（2022）第204093号

责任编辑：段子君　　责任校对：高　涵　　责任印制：储志伟

中国纺织出版社有限公司出版发行
地址：北京市朝阳区百子湾东里 A407 号楼　邮政编码：100124
销售电话：010—67004422　传真：010—87155801
http://www.c-textilep.com
中国纺织出版社天猫旗舰店
官方微博 http://weibo.com/2119887771
北京通天印刷有限责任公司印刷　　各地新华书店经销
2023 年 10 月第 1 版第 1 次印刷
开本：710×1000　1/16　印张：16.25
字数：229 千字　定价：58.00 元

凡购本书，如有缺页、倒页、脱页，由本社图书营销中心调换

目录

前言　孩子是我们最好的老师 /1
推荐序一　成为高效能父母，先要认识自己 /1
推荐序二　首先把自己好好活出来，才是父母们最高的生命效能 /1
自序　从一个真实的故事说起 /1
说明　七项修炼的要义及导引图 /1

第一章　识自己：做自己的生命疗愈师 /1

第一节　自我觉察，倾听自己内心的声音 /3
第二节　自我疗愈，做自己的生命疗愈师 /8
第三节　自我教育，让自己慢慢成长向好 /14

第二章　懂孩子：做孩子的宝石鉴赏家 /29

第一节　你了解自家孩子吗 /34
第二节　如何读懂孩子 /41
第三节　怎样落实因材施教 /50

第三章　明方向：做孩子的人生构架师 / 55

第一节　我们想把孩子培养成什么样的人 / 57
第二节　我们为孩子做了哪些事情 / 61
第三节　未来社会需要什么样的人 / 74
第四节　什么才是好的教育 / 82

第四章　建生态：做孩子的生态守护者 / 89

第一节　找到每个人的家庭生态位 / 91
第二节　良好的关系是一切幸福的基础 / 100
第三节　如何培育适合孩子成长的环境 / 110

第五章　善沟通：做孩子的人生赋能师 / 125

第一节　孩子的世界是父母口中的世界 / 127
第二节　亲子沟通到底有哪些秘密 / 131
第三节　亲子沟通的秘诀 / 143

第六章　学方法：做孩子的成长教练 / 159

第一节　唤醒孩子内心的渴望 / 161

第二节 激发孩子的学习动力 / 178

第三节 培养孩子的学习能力 / 187

第七章　克难题：做孩子的人生榜样 / 203

第一节 破解家庭教育的三大难题 / 205

第二节 激活孩子生命力的四大关键 / 211

第三节 智慧父母是如何修炼的 / 223

致谢 / 237

孩子是我们最好的老师

这本书中的内容，是我过去 12 年从事青少年心理成长和家庭教育的心得与感悟。我不能说自己领悟到了教育的真谛，只能说知道了其中的一些窍门。这些窍门是上千位孩子曲折的成长经历唤醒我的，是上万名家长痛苦的领悟指引我的。

他们是我最好的老师，也是本书真正的作者！

他们希望经由我来告诉大家：

家长们面临的第一道考题，是认识自己，成长自己，父母只有先疗愈好自己，才能真正把爱传递给孩子；

如果我们不懂孩子，爱得越多，对孩子的伤害可能越深；

明确我们想把孩子培养成什么样的人，是每一位家长的必修课；

教孩子可以是一件轻松的事情，我们最应该做的，是为孩子打造良好的家庭生态系统；

关于沟通，我们缺的从来不是技巧，而是不忍伤害孩子的善良。

父母不只要有爱，更要有方法；

教好孩子并不是一件不需要努力就能做好的事情，当家长并不是一件轻松的工作，但是也绝非我们想象的那般困难。

建设幸福家庭的前提是父母永不放弃地自我成长。当我们成为父母之后，发现教孩子这件事的确是个很大的挑战！有很多我们解决不了的问题，我们会迷茫、沮丧，也会苦苦探索……

有的时候我们想放弃、想退缩，但我们知道这根本不可能！更多的时候，我们希望自己是个超人，有根魔法棒，或者有个百宝箱，帮助孩子解决各种困难和烦恼，让他们真正快乐、健康地成长！

本书从识自己、懂孩子、明方向、建生态、善沟通、学方法、克难题七个方面进行原理分析和案例解读。可贵的是，本书不止步于解释"为什么"，还清晰呈现了"怎么做"。

希望家长和读者们从中能有所启发，同时将其中的方法用于家庭教育和亲子沟通的实践中，帮助大家轻松高效育儿！

这本书或许不是育儿的百宝箱，但可以是一把小小的钥匙，可以是一扇看向外面的窗户，还可以是一个孤独无助时陪伴你的伙伴！如果里面的其中一个片段或者某句话能对你有一些启发、帮助，我都觉得这是对我莫大的鼓舞。

需要特别说明的是，本书的目的不是放大家长的焦虑，而是希望家长在懂孩子、学方法的同时缓解和减少自身的焦虑。不是给家长们高深说教，而是给出简单实用的解决方案。

希望通过传播和分享家庭教育理念和方法，能够有效地预防孩子成长路上的问题，为亲子沟通和科学育儿提供指南。

著者

2022 年 9 月

成为高效能父母，先要认识自己

——家庭教育的底层逻辑

我是"SI因材施教体系"创始人黄秋蓉，在我从事教育咨询工作这20年来，咨询辅导过2000多个家庭。过程中常觉得很心疼，因为没有一个人要把自己搞砸，也没有一个人要把家庭搞砸，更没有一个人要把孩子搞砸。

可是为什么在追求幸福的同时却失去了幸福？

明明道理都懂，就是做不到，学得越多越焦虑，进而落入认真学习、认真教孩子、认真犯错的死循环当中。

经过20年整合家庭教育的理论与实践，我总结出真正的破解之道：就是"了解孩子、认识自己"。父母要了解孩子的三材（包含生理的材、气质的材与智能的材）；尊重每个孩子都是独一无二的个体，进而打造多元而适性的教育环境，激发孩子的先天潜能，培养终身学习的习惯，为孩子一生可持续发展奠定良好的基础。

在与本书的作者熊勇老师结识时，竟有一种莫名的感动，感动于这个年轻的生命，竟有着如此大爱和对家庭教育的执着与专注。

更难能可贵的是，他说这些法门来自于上千孩子曲折的成长经历和上万家长痛苦的领悟，甚至是一些他不知道名字的孩子用生命作为代价书写而来的。他们才是最好的老师，也是本书真正的作者。

教育是生命影响生命过程，熊勇老师的所言所行正是这句话的真实写照。如今，他将十几年来的咨询辅导经验编辑成册，就是希望有更多的家庭找到经营幸福的钥匙。

当我拿到本书的书稿时，一口气读完，内心的激动久久无法平复。作者以因材施教——"认识自己、了解孩子"为底层逻辑，用浅显易懂的文字，从识自己、懂孩子、明方向、建生态、善沟通、学方法、克难题七个方面，进行原理分析和案例解读。

作者在书中引用的"SI自信杯"，是我这20年来在工作中不断地将理论与实践统整，将自我疗愈用无形事物有形化的方式展现出来的一项活动。

通过自信杯，想让参与者明白每个洞都是让爱与光流进来的地方。从而产生内在能量，卸下过去所背负的心理重担，并洞悉"快乐来自于对过去的感恩，对现在的专注，对未来的乐观"的真谛，进而将原生家庭的伤害变成人生的祝福而不是诅咒。

这正是因材施教最重要的底层逻辑，亦是本书作者希望帮助每个家庭经营幸福的核心关键。

这本书统整了教育学、心理学、行为科学理论与作者十多年来的实践经验，结合了"心法"与"技法"，并提供了许多具体实用的方法和操作建议，不但实操性强，且充满爱与尊重。是一本促进孩子身心健康发展的教养说明书，更是一本有力量、有温度的家庭幸福指南，可以协助父母及读者实现轻松高效育儿，是一本值得拥有的幸福宝典。

SI因材施教体系创始人：黄秋蓉

2022年12月6日

首先把自己好好活出来，
才是父母们最高的生命效能！

生命梦想唤醒师@联结者刀哥

初识熊勇，是在一个职业生涯规划的个人战略线上训练营里。

作为同一小组的成员，我看见熊勇自我生命探索道路上"熊罴（pí）之士，勇往直前"的勇毅与笃行。

他选择这句来自《尚书·康王之诰》的成语，进行"自我正名"，也让我清晰这位青年教育家，对中华优秀传统文化的重视与沉浸。

从 2019 年 06 月 08 日彼此初识，到 2023 年 01 月 05 日受邀作序，近四年时间里，我们每有远地联络，必然深入探讨关于华人世界的生命教育话题。

这期间，从熊掌门说亲子，到青少年成长教练，再到家庭教育导师，我非常开心地见证，熊勇这位青年学者与教育家，在自己的生命志业道路上，越来越清晰地，寻找到自己的生命教育方向。

《世本》记载中华人文初祖黄帝，"号有熊者"。来自当代成都的熊勇，承接了古圣先贤的这份智慧与能量，基于巴蜀实践经验，面向更多的中国家庭，唤醒属于华人的这份家庭教育智慧。

某种意义上，教育的本质就是传承。

熊勇老师用自己十余年的教育生命实践，谱写的这本《高效能父母的七项修炼》，就是运用"著书立说"的方式在传承、在彰显自己的生命教育理念。

大道至简。

仅仅只是研读这本生命好书的目录，我就知道，熊勇老师选择"熊氏三字经"：识自己、懂孩子、明方向、建生态、善沟通、学方法、克难题，并运用非常简明、生活化的语言，旨在创造易于阅读、易于实践的生命教育材料。

进一步地通读全书，我看见：在成千孩子与上万家长们曲折、困惑甚至苦痛的生命故事里，作为一位陪伴者，熊勇老师抵达生命现场，用充满智慧与爱的能量，引领并启发人们，在家庭乃至家族环境中，观察、体会生命的关系与发展，让人们将曾经的生命苦难，转化为新的沃土与资源，大家一起重新练习，人类更高效能的生长方式。

"教自己所活的，活自己所教的"，这是一个生命教育工作者的日常生活、工作与社交的生命姿态——毫无疑问，熊勇老师拥有这份温暖、有力的姿态。

作为生命教育的探索者，我也想贡献一个生命价值观点：

既然每一位父母，都只是孩子生命的陪伴者，甚至，孩子们才是我们父母生命觉醒的"老师"，那我们唯一能做的，就是把"试图抓取"孩子能量的目光，坚定地移动回自己身上，通过认真书写自我生命梦想，创造丰盛的生命状态，首先把自己好好活出来，给孩子们做示范。

有一个生命发展的内在规律是：每一个孩子的潜意识，都无条件的追随父母。每一个孩子的潜意识之眼，都在认真地观察着自己父母的活法，并依据此现象，无意识地来决定自己的活法。

要想改写和优化这样的家族系统能量的传承，就必须首先依赖于父母自身的心灵觉醒，并率先垂范，好好活自己。熊勇老师把"识自己"，安放在七项修炼的第一步，想必就是要强调这样的家庭教育的根本规律。

这，才是身为父母的我们，真正可以做的家庭教育，甚至是唯一能做的高效能行动。显然，熊勇老师，在自己的家庭中，就是这样与太太张文娟、与孩子一木，用心相处的。

认识文娟老师，是在陪伴这本著作出版的生命旅程中，通过远地视频会议，感受到熊勇老师与文娟老师的真情与热忱。

无论是陪伴先生一起探索教育之道、著书立说，与先生一起用心滋养夫妻关系、养育孩子一木，还是作为一位青少年学习力指导师影响并协助青少年寻找人生方向，文娟老师都在勇敢而真挚地，好好活着自己。

"道、法、术、器"，经常被用来表达教育的不同维度与层次。毫无疑问，熊勇老师这本著作，是得法的，是叩应生命教育之道的。

祝福熊勇老师，往后余生每年都能结集出版一本生命实践的作品，也相信熊勇老师会持续优化、迭代自己的生命教育理念，开创拥有自己特质的新时代中国当代家庭教育学派。

　　同样的祝福，也送给所有华人生命教育工作者们，勇敢、自信地开启自己的著书立说之道。

生命梦想唤醒师 @ 联结者刀哥

书写于惠州西湖，宜古堂

中国春夏秋冬四季旅居途中

2023 年 1 月 12 日

从一个真实的故事说起

15年前,我是一名心理学专业的学生,我们对专业的理解还停留在书本知识和课堂上老师的讲解。一次偶然的经历让我深受触动,从那一刻起,我对所学的专业和从事的工作充满了敬畏。时至今日,历经多年艰辛,面临多重诱惑,我依旧在家庭教育和青少年心理健康教育这条路上行走。

大二那年,有一次我作为值班员在学校咨询中心值班,中午的时候,有点犯困,恍惚看到窗前有个人影晃动,我在想这是自己的错觉还是刚才真的有人。

于是我决定起身出门看看,当我走到窗前的时候,发现窗台上有一个信封,这说明刚才一定有人来过,而此时走廊上空无一人。

我赶紧拿起信,发现上面赫然写着两个字"遗书",当时我整个人就愣在那里,反应过来后,快速打开了这封信(没有封口,求助者希望我们能看到)。

求助者是一位英语系的女生,来自农村家庭,她讲述了自己进入大学之后种种不顺心的事情。

信的大致内容是这样的:

在农村，女孩子上学的机会本就特别不容易，父母省吃俭用供自己读书，好不容易考上大学，觉得一切都很美好。

结果发现事事都不如意，因为学英语的时间晚，底子比较薄，很多学习的内容都跟不上，发音也不纯正，特别没自信。

寝室的同学都来自城市，见识广，她们聊天的时候自己根本插不上话。她们家庭条件也比较好，注重打扮，跟她们比起来，觉得自己在那个圈子里面像个丑小鸭一样。

虽然知道自己这样想不对，但是控制不了自己的想法，完全陷入负面情绪中，无心学习。一想到这些，她就越加悔恨和自责，觉得自己浪费了父母的血汗钱，还不如死了好！

读完信后，我快速打电话上报老师，启动了心理危机预案，心理咨询中心将情况同步上报给学校。心理咨询老师不到20分钟找到了这位同学，开始对她进行预防自杀干预和系统的心理支持。

经过2个多月的辅导和调整，这个女孩子的人际关系和情绪状态恢复到一个比较理想的状态，积极投入到学习和生活中。

这件事对我的触动非常大，从某个角度来讲，这个女孩是我严格意义上的心理学启蒙老师。

她让我意识到心理学不只是一门知识，而是一种能唤醒生命的力量。那一刻我意识到，"自杀"不是一个简单的名词，不是一则新闻，而是一个鲜活生命的消失。

在此之前，我对自己专业课的要求是及格就行，在这件事情以后，我开始非常认真地学习专业课，生怕自己哪一天遇到求助者，会因为自己"学艺不精"而束手无策。

从心理健康知识的宣传、普及和推广，到参与青少年自杀危机干预，到辅导超过1000名青少年走出困境、提升心力，考入理想的学校，进而自信乐观地拥抱未来的人生。从家庭教育咨询到开设上百期的父母专业课程，到公益家庭教育讲座宣讲。不知不觉间，在这条少有人走的路上，我已经走过了十多年。

教育的意义是什么？从踏入师范院校大门学习心理学的那一刻起，我一直在为这个命题找寻答案。

带着思考和探索行走了16年之后，这个答案在我心里日渐清晰：如同一颗破土重生的种子，长成参天大树一样。教育是激活孩子的生命潜能，创造无限可能的过程。教育是父母成就孩子，活出精彩人生的旅程；教育是孩子成就父母，传承精神财富的接力赛。

家庭教育的意义是什么？著名心理学家郝滨老师说过："家庭教育是人生整个教育的基础和起点。"

确实，家庭教育是对人一生影响最深刻的一种教育，它直接或间接地影响一个人人生目标的实现。好的家庭教育能够促进家庭幸福，保证孩子全面健康成长，实现家庭全员进步，家庭祥和。

心理健康教育的意义是什么？

心理健康是指心理的各个方面及活动过程处于一种良好或正常的状态，在社交、生产、生活上与其他人保持较好的沟通或配合，能良好地处理生活中发生的各种情况。

心理健康教育的意义在于培养性格完好、智力正常、认知正确、情感适当、意志合理、态度积极、行为恰当、适应良好的孩子。

黄秋蓉老师常说：知识和本领是力量，良知和人格才是方向。在我看来，写书和讲课都只是传播的工具，更重要的是，如何让更多的家长重视家庭教育，同时感召更多的人来传播家庭教育和关注青少年心理成长。

愿我们在为爱成长的路上，做彼此的同行者！

孩子的大朋友 & 家长的老朋友

熊勇

2022 年 5 月 15 日于成都

七项修炼的要义及导引图

修炼一：识自己——做自己的生命疗愈师

我们为什么需要重新认识自己？

每个人或多或少都会受到原生家庭的影响，如何让原生家庭的伤害变成让爱和光流进来的地方，如何卸下过去所背负的心理重担，从而产生内在能量，是我们在和孩子，和伴侣，甚至和自己相处时首先要面对的问题。

在爱孩子之前，先学会爱自己！我们绝不是父母的翻版，学会与自己和解，做幸福的开创者，不幸的终结者！

修炼二：懂孩子——做孩子的宝石鉴赏家

如何做孩子的宝石鉴赏家呢？

答案是"因材施教"。因材施教的"材"，即生理、智能、气质。生理的材，是一个孩子的健康，身体的状况；智能的材，是大脑的发展和父母所提供的文化刺激；气质的材，是孩子与生俱来的个性模式。

父母及主要照顾者只有客观地了解孩子的生理、智能及气质的材，落实"先因材再施教"的理念，才能真正协助孩子激发潜能，发展出最好的自己。

修炼三：明方向——做孩子的人生构架师

我们究竟想把孩子培养成什么样的人？

我个人觉得，相信许多家长也认为，是身心健康、自信、具备独立思考能力的人，并且孩子还应该有能力对自己的行为负责任，过好自己的生活，未来对社会有所贡献。或许换个角度，从终点往回看会让我们的思路更明晰。

父母要做孩子的人生构架师，帮孩子明确成长方向，清楚自己想把孩子培养成什么样的人。

修炼四：建生态——做孩子的生态守护者

如何修复家庭生态系统呢？

说起来并不复杂，每个人找到自己的家庭生态位。爸爸不缺位，再忙也能陪伴孩子成长；妈妈不越位，学会偷懒、示弱、放手，让孩子有机会独立；家庭关系不错位，不以孩子为中心，不把父母的想法和期望强加在孩子身上。

良好的家庭生态系统就是让孩子做回自己，夫妻双方彼此独立又互相依靠，有自己的空间，也尊重对方的自由。

修炼五：善沟通——做孩子的人生赋能师

为什么我们要做孩子的人生赋能师？

我们对孩子的教育在什么条件下才能产生效果？答案是让孩子感受到力量的情况下。试想一下，我们跟孩子沟通的目的是什么？是为了让孩子相信自己能做得更好，还是让孩子觉得自己很糟糕？父母最重要的价值，是做孩子的人生赋能师，而不是差评师。

如果你希望孩子内心有力量感，从此刻起，停止当孩子的差评师，当好孩子的人生赋能师，给予他挑战困难的勇气和向上成长的底气。

修炼六：学方法——做孩子的成长教练

为什么要做孩子的成长教练呢？

在孩子的成长过程中，你是否常常被各种难题与困境所困扰？你是希望孩子胆小、脆弱、做事被动、依赖性强，还是希望孩子自信、独立、有主见、主动承担责任？如果你希望培养孩子适应各种情境、解决各种问题的能力，那么，一起来学习如何做孩子的"成长教练"。

"教练式父母"懂得与孩子建立良好的信任关系，成为孩子最坚定的支持者与陪伴者，引领孩子找到自己人生的方向与道路。他们会挖掘并激发孩子的内在潜能，帮助孩子发现更多向上发展的可能性。

修炼七：克难题——做孩子的人生榜样

教孩子最大的难题和挑战是什么？

提供丰厚的物质条件、选择优质的学校、辅导孩子的作业、关注孩子的心理发展……这些都不是，最大的难题和挑战是我们首先把自己活出来，成为孩子的榜样，做孩子前行路上的灯塔。

父母身上没有的东西，无法真正给到孩子。做父母最大的成功大概就是：孩子享受和你在一起的时光，并且想成为像你一样：愿意为自己的生命负全责的人。

第一章
识自己：做自己的生命疗愈师

不知道大家有没有这样的感受：我们对待孩子的方式像极了当年父母对待我们的方式，我们一再告诉自己不要这样做，却完全做不到！仿佛被一种无形的力量控制着。

我们为什么需要重新认识自己？

在本书的开篇，我之所以要来谈这个话题，是因为每个父母或多或少都会受到原生家庭的影响，如何让原生家庭的伤害变成让爱和光流进来的地方，如何卸下过去所背负的心理重担，从而产生内在能量，是我们在和孩子，和伴侣，甚至和自己相处时首先要面对的问题。

在爱孩子之前，先学会爱自己！我们绝不是父母的翻版。要与自己和解，做幸福的开创者，不幸的终结者！

第一节 自我觉察，倾听自己内心的声音

我们当下的处境，本质上是自己的能量状态。我们对孩子的态度，本质上是我们与自我关系的投射。人生最大的困惑是不自知，当我们学会自我觉察，用心感知自己的能量和情绪状态，并且及时修正自己的认知后，我们就能够活出高能量的状态，活出自在的人生。

什么样的情绪状态，就匹配什么样的人生状态。

为什么总是忍不住发脾气

我们先来看一个案例：

1. 基本信息

女孩现在12岁，8岁前和爷爷奶奶、爸爸妈妈住在一起，后来单独和爸爸妈妈一起住。7岁前大部分由奶奶和妈妈负责接送照顾，父亲偶尔照

顾，五六年级基本由爸爸接送。

主要监护人教养方式：出现问题会吼，有语言教育，也动手打过，五年级之前，遇到孩子做错的问题，易怒易暴躁，五年级后孩子大了，也不动手了，都是语言教育，偶尔出现原则性问题或说好的事情没做，父亲会动手教育。

2. 家长希望解决的问题

第一，希望自己能不暴躁，控制情绪；

第二，希望和孩子和平友爱地相处，了解孩子，读懂孩子。

3. 母亲自述

孩子一直由我陪伴，不仅要负责她生活，还要管学习。除此之外，我作为团队领班，事情多压力大，经常出现焦虑情绪。

前段时间我说想和她好好相处，我会改正我的错误。但有一天，因为一件事，她对我露出嫌弃的表情和动作（个人理解），我没忍住，当着她的面伤心地哭了。

孩子和她爸爸出门上学，在车上，她也伤心委屈地哭了，她说妈妈说了要改，可还是会发脾气。后来，孩子说她不是嫌弃我，不是我想的那样，现在我真的不知道该怎么和孩子相处了……

4. 咨询对话

和这位妈妈交流了半个小时，开始她问我该如何跟孩子相处。在交流过程中，我感受到她的情绪很低落，整个人的能量状态特别低。我问她：如果今天只解决一个问题，你最希望解决哪一个？

她说，我想知道如何才能做到不对孩子发火？我先听完她的叙述，接着询问她当下的感受是什么？她告诉我，自己知道不该对孩子发脾气，但就是做不到！

我引导她，这是你的想法，不是感受，感受是：喜、怒、哀、乐，是你的情绪，不是道理。现在你的感受是什么呢？我继续问，她回答说：我现在特别内疚，还有伤心、难过……

说着说着，我听到她哭出声来，她一边讲，一边哭，慢慢地哭声开始越来越大，她积压已久的情绪找到了宣泄的出口。

等她情绪慢慢平复下来，我们继续聊。我问她，当你对孩子发火时，你的情绪感受是什么？她回答说：是愤怒。

这种愤怒的情绪是谁带来的呢？是孩子的某个行为吗？不一定。可能是工作中的委屈和不顺心，也可能是家庭关系的不如意……

为什么我们会把愤怒的情绪宣泄在孩子身上呢？

其实，每个成年人都扮演着不同的角色，在客户面前，在上司面前，在下属面前，在公婆面前，拼尽努力想扮演好自己的角色。

在这个过程中，我们往往选择压抑自己，顺应环境，迎合他人，慢慢地就成为了一种习惯。

我们在努力留给别人好印象的同时，内心又觉得对不起自己，委屈了自己，甚至不能够对外显露自己的情绪，慢慢地会觉得自己不重要，甚至滋生出一种低价值感。

另一个声音又会不断唤起我们看见自己，重视自己的需求和渴望。当这两个声音不断响起的时候，我们的情绪就很容易爆发。

为什么我们能够把"好情绪"留给别人，却唯独不能对孩子"好好说话"呢？

因为在孩子面前我们是绝对安全的，是一种完全本真的状态，不用担心孩子会伤害我们，但是，我们失控的情绪却往往会伤害到孩子。

这位妈妈继续问我：熊老师，我非常认同你刚才的说法，那我该如何控制我的情绪呢？

我告诉她：你无法控制你的情绪，情绪没办法被控制，只能被觉察和引导。

情绪就像水一样，处于流动状态的，我们可以决定它往哪里流，但无法控制不让它流动。

控制情绪会导致两种极端的后果：一种是刻意压抑自己的情绪，忽视自己的感受，这就好比结冰的湖面，处于凝固、静止的状态，长此以往，人会陷入抑郁当中，甚至引发各种身体疾病；另一种是情绪暴躁、易怒，就像洪水决堤一般，带来巨大的破坏和伤害。

当情绪来临时，应该怎么应对呢？我们可以尝试用情绪管理的四步法来调整自己：

第一步：觉察。我知道自己现在有情绪。

第二步：接纳。我允许自己有这样的情绪，比如伤心、难过、愤怒等。

第三步：流动。我能够表达和调整情绪，可以选择写下来或说出来。

第四步：成长。这样的情绪让我看到了自己，我可以做情绪的主人。

接着，这位妈妈又说，我理解了，但我还是做不到。

我说：你现在做不到是正常的，就好比你学会了"四则运算"，是不是马上就能成为计算高手呢？肯定不是，我们需要成百上千次去刻意练习。

要成长，必须刻意练习，学会在每个时刻做出新的选择，和你过去的模式和习气完全不同的选择！这是我们需要不断自我训练的一项能力。

希望你学会在每时每刻都有所觉知，对你的起心动念，对你当下的每一个反应。

只有当你没有被习惯性模式带走时，你才能够回到一个客观真实的状态，评估当下环境如何，当下对方的感受如何，对方当下需要你做什么，你们共同的目标是什么，在这个基础上才能够去升级你的行动力，让结果朝着更好的方向发展。

其实，和这位妈妈一样，现实生活中，很多人因为忙碌和压力，压抑了情绪，漠视了自己，忘记了成长，年复一年地承受着痛苦和无奈。

我们不断告诉自己：我必须……

而忘记了还有另外一条路：我选择……

你的焦虑来自哪里？

比如，很多妈妈说我必须每天早上早起给孩子做早饭。当你说出这句话的时候，你的感受是什么？

有当妈妈的辛苦和不容易，有满满的责任感，也有一丝无奈……

尝试用另一种表达方式：我选择每天早上早起给孩子做丰盛的早餐。看看会有什么不同的感受？

从这句话里，我们感受到了妈妈的爱、欢乐和享受。

我们能觉察出的情绪越多，就越能清晰地表达出来，而准确地表达自己的情绪，是处理情绪的开端。能表达，才能沟通，才能成长，甚至有时候，只需表达出来，情绪就解决了。

或许，当情绪上来的时候看似很恐怖，但是背后却蕴藏着巨大的宝藏。情绪是一位信使，它是来提醒我们，并给我们送礼物的。我们能觉察到这一点，就能带着智慧和勇气去接受这份成长的礼物。

当然，父母的觉醒不是一蹴而就的，它是一个细水长流、持续精进的过程。我们需要时时刻刻保持觉察，不断发现自己没觉醒的地方和自己未发现的限制性信念，最终让自己成为一个通透且活在当下的人。

第二节　自我疗愈，做自己的生命疗愈师

我的 SI 导师黄秋蓉常说：首先我们要疗愈自己，这个是认识自己最重要的一环。

在家庭生活中，有时候可能会因为一点点小的事发生争吵，在没有觉察和自我疗愈之前，我们会很容易发脾气，或者总是用一种高压状态将其压下去，在认识自我之后，我们会去回溯、去觉察，自己为什么会有这么大的情绪。

其实，这个情绪并不仅仅只是这个事情带来的，正如黄老师所说，事情就是"事件"+"情绪"。那么，这个情绪是怎么来的呢？

当我们回顾自己的成长经历，了解父母对我们的教养方式，了解原生家庭对我们安全感的影响，或许就能够找到一些答案。

当我们足够了解自己后，会发现原来自己的整个成长经历也是很不容易的，会对自己多一分同理心。我们会理解，自己当前的状态是有原因的，其实不是自己不好，只是暂时没有更好的方法去应对这种事情。

当我们了解到自己这些情绪卡点之后，下次再有同样的事情发生时，可能我们依然会有情绪，但是可能不会像以前那样大爆发。

更重要的是，在这个事情之后，我们会有觉察、反思，并且理解自己，这样自己的状态就会越来越好。

不知道你是否有这样的感受，当我们心情好的时候，可能会觉得很轻松，走路都可以健步如飞。反之，心情不好的时候，做什么都提不起精神，动都不想动，所以我觉得，认识自己的第一步，是了解自己情绪的来源。

了解自己情绪的来源，找到自我存在的价值，对于每个人来说，都是一次心灵的洗礼。

一、了解自己是开发自己的第一步

认识自己的性格特质及教养观念对孩子的影响，能够降低焦虑与沮丧，从而更有智慧地与孩子相处。

认识自己是开发自己的第一步

认识自己听起来很简单，做到却不易。那么，我们要如何才能将所学的知识内化，应用在生活当中呢？其中，最重要的核心理念是：先"YU己"，后"育人"。

这里所说的"YU己"包含四个阶段：

第一个YU是疗愈的"愈"，要先疗愈自己的生命故事；

第二个YU是教育的"育"，自我教育让自己慢慢成长向好；

第三个YU是遇见的"遇"，遇见当下最好的自己；

第四个YU是预测的"预"，预测未来满满的幸福力。

二、揭晓"为你好"的底层逻辑

我们常常听到父母对孩子说"我这么做都是为你好，你知不知道"，其实"为你好，就是为自己好，因为你听我的，我就爽了，你不听我的，我就不爽"。

在这种情况下，当这样说时，就容易将自己的期待，放在他人身上，借由他人来实现自己的愿望，找到自我存在的价值。这样的爱与付出会变成一种索取。

所以说，"为你好"的底层逻辑，是希望从孩子听话中满足自己内心的期待与控制，找到自我的存在价值。

分享一个黄秋蓉老师关于青少年辍学的案例。

一位从小就成绩优异的男孩，琴、棋、书、画样样行，聪明、听话、懂事是他的标签。

可最让父母措手不及的是，到了初二，他竟然选择了辍学，而且得了轻微的抽动症，妈妈为了让他能复学，找了很多教育与心理专家。

在和孩子谈话的过程中，"优雅的控制"这5个字是我听到孩子对妈妈最无奈的控诉。他说从小到大，他听到最多的一句话就是"我都是为你好，你知不知道"。而他最厌烦的一件事，就是在大家面前表演各项才艺。

但妈妈的态度，永远都是会用很温柔的语气跟他说："宝贝来……你演奏一曲给大家听，妈妈相信你一定可以演奏得很好的，而且大家都在期待你的演奏，你来一次吧，你一定可以的！"这样"优雅而坚定"的语气，让他在众人面前不得不顺从。

妈妈是一位企业家，事业成功、家境富裕、丈夫体贴、孩子聪明，是人人称美的成功人士。然而最让她引以为傲的儿子，如今怎么完全像变了一个人，连自己都不认识了，她感觉天都要塌下来了。

孩子为什么会变成这样呢？这个让妈妈百思不得其解的问题，通过一份SI家庭成员性格/行为的测试报告，得到了解答。

由于妈妈是外向、理智、求新求变，而且敏感度偏低的性格特质，很难理解他人内心的感受与需求。再加上自己有很多成功经验，更坚定了

"照我说的做"就对的想法。因此，从孩子出生开始，所有生活与学习，都是妈妈一手安排打造的。

而孩子的性格却与妈妈截然不同，是个内向、感性、敏感度很高的孩子。由于他的性格特质，在与情境互动中，形成了众人口中乖巧、懂事的自我概念，让孩子误以为要得到他人的爱与关怀，必须顺从、配合、讨好，以致忽略了自己内心真正的需求。这样长期的压抑，让他在功课越来越繁重时，因为担心无法达到众人期待而放弃了自己的学业。

三、解读自己的生命故事

在做完测试后，黄秋蓉老师又帮这位企业家妈妈做了心理疗愈，解读了她的人生故事，让她看见并接纳了自己的过去。这位妈妈哭了，原来她自己也是那个从小在父母期待下受伤长大的孩子。

当这位"强势"妈妈了解到是自己承袭了父母过去错误的养育观念，以及她跟孩子彼此间的性格差异，给孩子带来了这么大的伤害后，她诚恳地跟孩子道歉，并给了孩子一个大大的拥抱。当看到这个一米八的小帅哥在妈妈怀里像婴儿般哭泣时，黄秋蓉老师自己也忍不住流下了泪水。

四、先"愈己"后"育人"

美国心理学家沙利文（Harry Sullivan）曾说：人的性格发展，大部分是被身旁重要人物所塑造的。从上面这个案例中，我们可以看到，这位妈妈的父母塑造了她，她又塑造出孩子。当她开始认识自己，重新了解孩子时，孩子的改变就开始发生了。

爱人需要能力，被爱需要感受力，我们永远给不出自己没有的东西。其实，成人也是受了伤的孩子，当我们长到一定的年龄，就需要当自己的父母，来抚慰内心受伤的心灵。一旦自己的内心丰盛了，就能给出真正的爱。

就如同上面案例中的妈妈，当她的内心有能量了，就不会把期待放在孩子身上，要孩子为她的梦想去买单。

情绪力是学习力的基础，当我们内心有能量了，情绪就会稳定。我们所学就可以一点一滴内化在心里，展现在生活的一言一行中，这样就能通过自我教育让自己慢慢成长向好。进而在学习成长中遇见当下最好的自己；带着这样的能量，你将无惧于生命中的挫折与挑战，能预测未来满满的幸福力。

给自己一个拥抱

父母若能客观地了解孩子、尊重并接纳每个孩子的独一无二，进而检视自己养儿育女的观念是否正确，就能协助孩子，发展成最好的自己，让孩子成为自己生命的主导者。

所以，家庭教育最重要的核心理念就是："认识自己，了解孩子"，"先愈己后育人"。

第三节　自我教育，让自己慢慢成长向好

一、为什么你总是觉得自己不够好

原生家庭对一个人的影响非常大，父母们无可避免地会犯错，因为即使是圣人，也做不到养育的孩子没有任何心理创伤。

我们学习认识自己，疗愈自己，是为了帮自己把童年时候封存起来的自信和力量释放出来，而不是为了把自己的一切问题都归罪给原生家庭，进而把自己当作一个软弱无力的受害者。

为什么你总是觉得自己不够好？

二、直面自己的内心

无论我们目前的处境有多么糟糕，希望大家记住：在任何时候我们都

是有选择权的，任何时候我们都有机会做一个不同的选择，来改变自己的人生轨迹。

我们的力量绝不仅仅来自获取的信息和知识，更来自我们的行动。如果只是把学习停留在囤积知识上，懂了一堆道理，但回到日常生活中还是沿袭自己过去的习气，该怎样还是怎样，是不会有真正彻底的成长和改变的。

或许有人会说，这样"无欲无求"不是挺好的吗？如果真的能做到淡泊名利，与世无争，过着岁月静好、平淡如水的生活，这样当然很好。但现实是，我们常常会陷入纠结中，既想要又要不到。

这是怎么回事呢？其实，在我们内心里，常常是既有一个自卑的自己，也有一个自负的自己。不知道大家的内心是否有着强烈的"我不配"的信念。

人的意识是多重的、矛盾的。当我们内在有一个认为自己不够好的人格，同时又有一个觉得自己比别人强、很优越的人格时，内心的两股力量就会相互攻击，导致我们既不采取行动，也不能心安理得地停下休息。以至于一边哀叹人生，一边又不采取任何行动，从而产生焦虑和纠结。

三、远离"不配"感

要想让自己摆脱焦虑和自我怀疑，就需要整合这两股力量，给自己无条件的爱。每当出现自我怀疑时，我们可以通过下面的冥想方式，来赶走"我不配"感。

找一个安全的、不会被打扰的、感觉舒服的空间。把你的自我怀疑观想成一个有形有相的存在，可以是一个人，也可以是一团光，一种颜色，画面越具体、越清晰越好。

这个练习非常简单，一共三步：

第一步：看到，承认自我怀疑的存在。

第二步：允许，不抵抗也不压抑。

第三步：专注当下，做我该做的事。

这么简单，真的有用吗？

任何事情，知道不重要，做到才关键。我们缺的从来不是道理，而是力量。只有你做了，体验了，行动了，才会获得真正属于自己的力量。

四、了解自己的性格

性格并没有好坏之分，了解自己和他人的性格，是为了更好地发挥自己的优势，规避自己的短板。

接纳自己是自我成长的开始

性格从四个维度八个极，分为16种性格类型：

E（外倾性）I（内倾性）（你从哪里获得能量？）

S（感觉）N（直觉）（你倾向于如何收集信息？）

T（思维）F（情感）（你如何做出决定？）

J（判断）P（感知）（你的生活风格如何？）

接下来，我们来了解一下不同性格的特点以及亲子互动模式。

（一）外向型（行动家）& 内向型（思想家）

1. 外向型

（1）倾向于先说后想，行动常优于思考。

（2）认识很多人，容易成为焦点人物。

（3）善于表达。

（4）广度优于深度，注意力对外。

（5）精力源于人群。

2. 内向型

（1）习惯先思后行，思考优于行动。

（2）喜欢安静独处，人际互动范围不大。

（3）善于倾听。

（4）深度优于广度，注意力对内。

（5）精力源于单独充电。

3. 亲子互动锦囊

（1）外向型家长：倾听孩子的声音，让孩子有表达的机会，以了解孩子真正的需求，而不是把自己的想法强加在孩子身上。通过彼此的交流，协助孩子加强深度思考与内省的能力，强化孩子的挫折容忍力，培养解决问题的能力。

（2）内向型家长：及时给予孩子肯定与鼓励，把爱"说"出来，建立孩子的亲情依附关系，进一步培养孩子的自信心与成就感。多陪伴孩子接触新的事物，在孩子发展深度的同时，拓宽孩子的视野，增加孩子的广度。鼓励孩子自我尝试与想象，避免瞻前顾后，以培养孩子把握时机当机立断的能力。

（二）实感型（低敏感）& 直觉型（高敏感）

1. 实感型

（1）较专注于现在。

（2）容易只见树木不见森林。

（3）工作上喜欢有明确指令，讲求具体明确。

（4）注重细节，较欠缺全面性构想。

（5）十分注意用字遣词。

（6）敏感度较低。

2. 直觉型

（1）较专注于未来。

（2）想象力丰富，好出谋划策。

（3）着重抽象概念，可能性导向。

（4）喜欢找出大部分事情的关联性及相互关系。

（5）较含糊笼统且不喜欢被约束。

（6）敏感度较高。

3. 亲子互动锦囊

（1）实感型家长：先倾听孩子的声音，了解孩子行为背后的动机与需求，协助孩子打开心房，给予孩子充分表达自己的机会，刺激孩子的想象力与创造力，以培养全面性思考的能力，提升竞争优势。

（2）直觉型家长：培养当机立断的魄力，减少细枝末节的干扰，协助孩子从远期的理想与大局着眼，转到近期可行的操作目标。培养孩子处理身边事情把握现在的能力，增加成功经验，以提升自信心。

（三）理智型（关注事）& 情感型（关注人）

1. 理智型

（1）经常保持冷静、客观，不在乎决策棘手问题。

（2）与他人意见不合，会直截了当告诉对方。

（3）认为真理愈辩愈明，以自己的客观公正自豪。

（4）认为明辨是非比是否受人欢迎更重要。

（5）不喜欢婆婆妈妈，行事坚定直接。

2. 情感型

（1）非常在乎别人的感受。

（2）过于满足别人的要求。

（3）尽管知道有些人是利用你，你还是助人为乐。

（4）做事倾向自我色彩，宁愿息事宁人，不求争辩是非。

（5）容易出尔反尔，犹豫不决。

3. 亲子互动锦囊

（1）理智型家长：能倾听孩子的心，让孩子有说出心里话的机会，多与孩子分享生活中的喜、怒、哀、乐。避免因过于理性分析而缺乏同理的感受力，培养孩子能圆融地处理身边的人、事、物的能力。

（2）情感型家长：培养对事情当机立断的习惯，保持坚定的态度，不要出尔反尔。多给孩子尝试错误的机会，让孩子学会在挫折中成长，以培养孩子身体与心理的独立。

（四）独立型（刚）＆ 依赖型（柔）

1. 独立型

（1）做任何事都井井有条。

（2）习惯拟好时间表，喜欢将事情按计划进行。

（3）做事喜欢一气呵成，避免拖延。

（4）陈述个人意见时，易因被误会而火气大。

（5）目标导向，容易非黑即白。

2. 依赖型

（1）做事容易依兴趣而为。

（2）容易心不在焉，不按计划行事。

（3）事事依自己的顺序进行，不信从一板一眼。

（4）做事不求绝对明确，常视情况而定。

（5）弹性较大，态度开放且随性。

3. 亲子互动锦囊

（1）独立型家长：多观察周围的变化，认清自己的盲点，给孩子多一些想象及自主的空间。协助孩子锻炼出独立思考、创造与应变的能力。

（2）依赖型家长：加强计划性、稳定性，当断即断，决不拖延，以培养孩子对事情的"专一"和果断的能力。

此外，我想强调一下家庭关系经营的真谛：了解差异、接纳差异、尊重差异和享受差异。

只有充分了解与孩子间的性格差异，并能够全然地接纳这份差异，尊重彼此，给足对方空间，才能真正享受差异带来的异样精彩。

五、遇见当下最好的自己

在生活中,我发现很多妈妈总是把过多的精力放在孩子和爱人身上,常常忽略了自己。遇见当下更好的自己,就是要不断地为自己赋能,调整自己的心态,全然地接纳自己,接纳自己好的地方,也清楚自己的盲点是什么,做真实强大的自己。

你值得拥有世间一切美好

在爱自己之前,我们必须先了解自己。而大多数时候,我们的精力却很少关注到自己。

2020年,疫情居家期间,我每天会收到来自家长的各种求助:孩子学习不主动,怎么办?孩子爱玩手机,怎么办?孩子不写作业,怎么办?家里两个孩子老打架,怎么办?老公不管孩子,怎么办……

收到这些信息后,我及时开通了"疫情心理陪护热线",通过线上直播和电话的方式,为学生和家长提供心理支持和育儿问题答疑。那段时间,咨询的人很多,每天的工作时间几乎超过12小时,最长的时候有16小时。

其中,有位家长让我印象特别深刻。对方打电话过来时特别焦虑,一直跟我诉苦：每天下班特别累，看到孩子没有在上网课，而是在看电视或者打游戏，两个孩子闹腾得不行。到家之后，除了要做饭，还要辅导孩子的作业，老公回家之后，只管坐在沙发上玩手机，也不知道去管孩子或者帮她做家务。自己的父亲刚做完手术在住院，做完饭还要赶着去医院给父亲送饭。

这位妈妈边说边哭，觉得特别崩溃，我一直静静地听她诉说，大概过了半个小时，等她的情绪慢慢平复下来，我们才开始对话。

我："谢谢你对我的信任，听到你说这些，我能够感受到你对家庭的责任，也能体会到你的不容易。你把所有的精力都投入到对家人的关爱上，没有精力来关心自己，现在我们一起来聊一聊，在当前情况下，我们可以做点什么，让自己的感觉更好？"

她："现在我每天都忙得停不下来！"

我："是的，我知道！你父亲的身体、孩子的作业、家务活都很重要，如果你倒下了，这些事情有人帮你做吗？"

她："没有！"

我："这些事情其实没有你自己重要！想一想可以做点什么，让自己的感觉更好？"

她："我想一个人安静一会儿，可是家里很吵。"

我："想一想还有哪里可以去？"

她："我家楼顶上的天台可以。"

我："很好！你每天可以给自己预留10~30分钟，这个时间完全属于你，不属于任何人，可以在天台上吹吹风或者听一首自己喜欢的音乐，给自己充会电。"

挂电话之前,她感激地说"谢谢老师",并且表示她的心情一下子轻松了许多。

过了几天,她给我发信息说,按照我的建议去做了,感觉整个人的状态都好了很多。

如何提升自己的能量,让自己拥有更多的智慧呢?

人们渴望自己的生活变得更好,于是把所有的精力关注在一个点上:我要把现在所有的问题全部解决。他们认为把所有的问题一个接一个地解决了,那生活就会变得更好,于是拼命去找寻生活中的问题。

但是,问题是永远解决不完的。如果你的生活中总是有很多问题,其实不是因为你解决得不好,而是你的能量等级在不停地吸引和创造一些问题。

提到能量,听起来是不是很玄,很虚?

是的!我以前也是这样想的。现在,我的理解是:当下的处境,本质就是自己的能量状态。

那么,高能量究竟是一种什么体验呢?

曾经有段经历,让我这方面感觉特别明显,当时一个特别信任的朋友邀请我给他们团队做心理能量方面的辅导。

在此之前,我对心理能量其实一直是比较模糊的,或者说有点反感。因为我自己从来没有感受到过,所以觉得这个东西比较虚。

朋友之所以极力邀请我去给他们团队做辅导,是因为她自己常常处于易怒状态,每次跟我聊天之后,就会感觉很平和,并且持续很长一段时间状态都很好。

当时，朋友公司的规模是我公司的好几倍，也就是说，她的团队管理者水平整体是比较高的。由于她强势的领导风格，加之常常把糟糕的情绪带入工作中，团队成员的情绪状态并不好，甚至影响到正常的沟通和工作。所以，她特别希望我去给他们团队做一次类似的培训。

我也很希望自己能够帮助到对方，帮助大家真正解决问题。于是花了大概一个月时间去准备。

期间，我跟每一位参与的人做了前期沟通，收集调查问卷，同时把我过去几年所学过的知识和课程重新做了复盘和回顾。看了一些觉得很好，但是买回来一直没有机会读的书。

《千面英雄》就是其中一本，以前以为这本书深涩难懂，一直放在书架上，一口气读完之后，简直爱不释手，这本书后来成了我最喜欢的书之一。

当时，白天要处理公司的工作，学习和备课都是在晚上进行。基本每天都是 12 点以后睡觉，早上一般 5 点钟自然醒，一天就睡四五个小时，却一点儿都不觉得困。不知道有一种什么力量激励着我，感觉工作、学习效率非常高。

这种感觉在做引体向上时特别明显，上拉的过程中，感觉身体好像很轻，不像以前，明显感觉需要克服很大的重力！这对我来说是一种神奇的体验！

关于能量，我的理解是：当我们感受到来自别人的真诚和信任时，当我们发自内心地想去帮助别人的时候，当我们能够潜心专注一件事情并沉浸其中的时候，就很自然地进入高能量的状态。

能量的重要性不言而喻，那该如何提升自己的能量呢？

给大家分享两个提升能量最简单的窍门：分享＋感恩。从分享和感恩开始，你的心扉会逐渐打开，你会发现内在的自我并觉察到你从未看到过的潜意识。

当你看到不好的，你就会去转念，把不好的转为好的，你的能量层级会越来越高。我们再来看一个案例。

有一次，凌晨一点多收到家长的求助信息，其中有一条信息好几百字，在这个时间点发这么长信息的家长，肯定是特别崩溃和无助的。第二天一早，我立即和家长进行了语音沟通，对方毫无条理地说了一堆问题：孩子在家里不写作业；天天不是看电视就是玩手机游戏；一点家务活都不愿意帮家里；自己忍不住说孩子几句，结果孩子对自己大吼大叫；爸爸看到这种情况去打孩子，孩子表现得更加糟糕。

不仅如此，大部分精力还要照顾出生没多久的小女儿，家里的老人生病住院也需要人照顾。她觉得自己不只是情绪崩溃，身体也要吃不消了。整个聊天过程中，她显得特别焦虑，能量状态特别低。

这个时候，我知道她需要的不是方法，而是能量，当内在能量不足的时候，所有关于亲子沟通、家庭教育的方法，她都用不出来。所以，我只是尽量倾听。

此后，我们又进行了几次电话沟通，每次都感觉她的情绪比上一次好一些。后来，这位妈妈跟我讲，她不记得每次问我的问题和解决方案是什么，但每次聊天后，觉得整个人轻松了很多，不再害怕和担心生活中的各种挑战。

在后续的辅导中，我给这位妈妈布置的打卡内容，她执行得非常好，其核心就是感恩和分享。

1. 感恩

这位妈妈每天写一张关于孩子积极面和闪光点的感恩卡，睡前读给孩子们听。同时，她把这张感恩卡贴在家里比较醒目的位置，坚持这样做之后，孩子的正面行为越来越多，她自己也感受到越来越多的育儿乐趣。

老公每天下班回来会对她说声"辛苦了"，感谢她为全家的付出，同时也越来越多地参与到孩子的教育中来，这让她有了片刻休息、充电的时间。当然，最重要的是她不忘感谢自己，感谢自己每天不断学习成长，学习如何成为更好的妈妈。

2. 分享

这位妈妈每天通过视频打卡的方式，分享自己的育儿心得，分享孩子们让自己感动的瞬间和生活中的小确幸。

通过线上线下的沟通以及系统的家庭咨询，妈妈带动爸爸和孩子一起改变，这家的亲子关系有了明显的变化，父母双方的教育理念逐渐达成一致，妈妈的情绪状态变得越来越好。

以前，我很难看到她的笑容，总是一副愁眉不展的样子，后来这位妈妈能够很好地调整自己的情绪，不管是线上沟通还是线下见面，都能看到她脸上的笑容。

之前的她一直觉得很累，就像一部开着很多程序，每天都在用却从来不充电的手机，随着电量的减少，运行速度越来越慢。那么，怎样才能让这部手机运行得更快更轻松呢？

一是尽量减少程序运行的时间。比如学会放手，给儿子一定的自主空间，不需要什么事情都管。

二是定期充电。不要每次等电量耗尽的时候才想起来要充电。比如，每天早起半小时到一小时，这个时候孩子还在睡觉，可以在家里做一下运动或者看看书、听两首自己喜欢的音乐。总之，好好用这点时间做些自己喜欢的、让自己开心的事情。

当然，提升能量还需要做很多功课，余生很长，我们要持续精进自己，提升能量。

第二章
懂孩子：做孩子的宝石鉴赏家

我们常常感叹，别人家的孩子活泼可爱，自家孩子却内向沉闷；

别人家的孩子琴棋书画样样都会，自家孩子只爱挖土和泥；

为什么自家孩子花了那么多钱上课外班，数学依然到不了及格线？

困扰我们的难题真的是不少啊！

如果你是一位家长，可能常常为孩子的各种问题感到头疼；如果你是一名老师，可能经常为学生的各种行为感到困惑；身为妻子或丈夫，或许随时因为对孩子的教养观念不一致而争吵，甚至引发家庭矛盾。为什么会这样呢？下面，我们来一起寻找答案。

1. 教育是超级复杂的事情

在从事青少年心理成长和家庭教育的十多年时间里，我见过无数这样的父母，用他们的话说，养个娃怎么就这么难？带孩子累，教孩子难，关于这一点，家长们的想法惊人的相似。

说到家庭教育的难度系数，著名学者吴伯凡老师曾在一次家庭教育论坛上这样讲。世界上事情的难度分为三个等级：简单的事、复杂的事和超级复杂的事。

所谓简单的事，就像制造汽车，一个零件装错了，可以拆开返工，直到组装完成。汽车的零件数量是固定的，操作流程是固定的，哪怕一辆汽车有2万个零件，都是一件简单的事。

至于复杂的事，就像制造火箭，火箭除了体型庞大、设计系统繁多之外，整个过程是不允许出错的，一定要做到万无一失。所以，制造火箭是复杂的事情。

什么是超级复杂的事情呢？就是教育孩子。

吴伯凡老师认为，首先，家长教育子女的时候，没有全世界公认的操作手册。尽管每个家长或许都会有一个教育清单,但全世界没有一个统一的操作流程,没有公认正确的操作手册。

其次,清单的零件是什么、有多少、是否会发生什么变化?甚至面对孩子的时候,不同的人说同样的话、做同样的事,最后的效果可能截然相反。

最后,最为重要的是,教育不能返工、无法返工,即便出了问题,也不能退回去。所以,教育是超级复杂的事情。

说到这里,不知道你是否释怀了一些,原来不只是我家孩子难教,全世界的孩子都不好教,即使我是造汽车、造火箭、攻克科研难题的专家,或者是开公司、做管理,手底下管着几百号人的老板,教不好自家孩子也是正常的。

很多时候打败我们的不是工作上的困扰,不是科研上的难关,不是市场竞争的残酷,而是家里那个不知道如何管教的孩子。

当教育过程中遇到这些挑战的时候,我们通常是怎么做的呢?

从过去数百场讲座和分享中,我们发现家长们的处理方式惊人的相似:

一类父母,本能地说教、打骂甚至关禁闭……结果,收拾完孩子,自己心里也难受。更气的是,过不了多久,这些问题又卷土重来,甚至变本加厉。

另一类父母,相对来说比较温柔,他们转移注意力,和孩子讲道理;事后看书、上网、请教老师等等。但这类型的父母困惑反倒更多:"为什么我看了很多书,听了很多课,别人讲的都对,但用在自己家里就不适用了呢?

为什么会这样呢?

其实,原因并不复杂——我们不懂孩子。就好比我们不知道一把锁的内部结构,拿来一大串钥匙反复尝试,却总是开不了这把锁。

2. 读懂孩子行为背后的真实原因

我们用"孩子乱发脾气"这个常见问题来举例。通过下面这张冰山图,我们不难看出，孩子发脾气，只是冰山以上我们看到的行为，然而冰山以下的真实原因是什么呢？

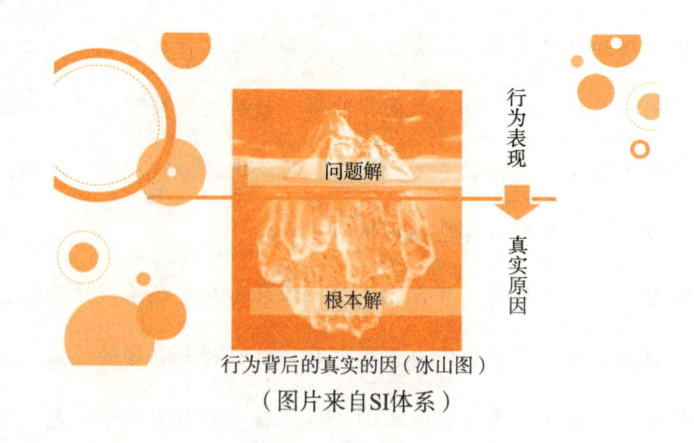

行为表现
→
真实原因

问题解

根本解

行为背后的真实的因（冰山图）
（图片来自SI体系）

想一想，有没有可能存在以下几种原因：

孩子困了、累了、饿了、身体不舒服了；

语言表达能力弱，不知道如何表达自己的需求；

能力不足，达不到别人对他们的要求；

内心的压力和负面情绪，想要发泄出来；

想要寻求父母的关注。

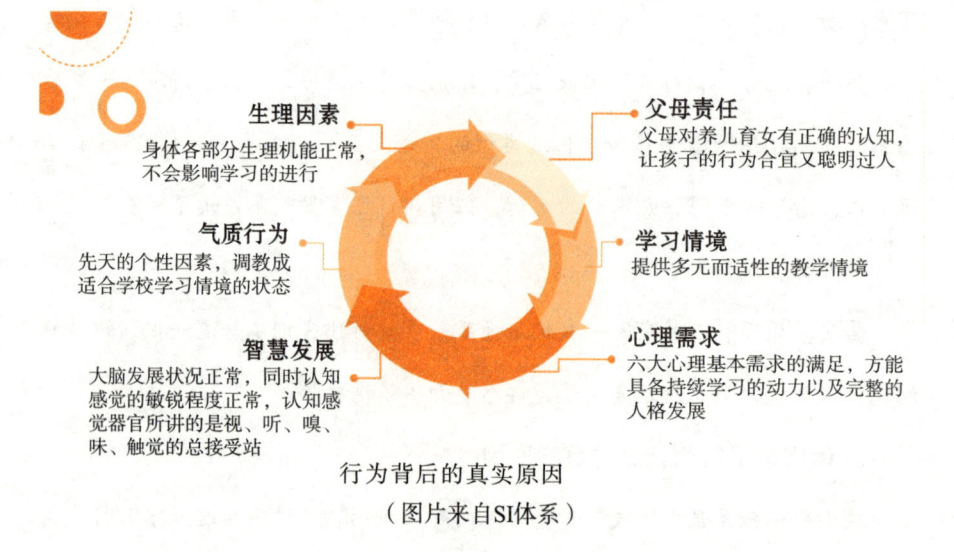

生理因素
身体各部分生理机能正常，不会影响学习的进行

父母责任
父母对养儿育女有正确的认知，让孩子的行为合宜又聪明过人

气质行为
先天的个性因素，调教成适合学校学习情境的状态

学习情境
提供多元而适性的教学情境

智慧发展
大脑发展状况正常，同时认知感觉的敏锐程度正常，认知感觉器官所讲的是视、听、嗅、味、触觉的总接受站

心理需求
六大心理基本需求的满足，方能具备持续学习的动力以及完整的人格发展

行为背后的真实原因
（图片来自SI体系）

当我们知道孩子发脾气，是因为以上不同原因时，我们对待他们的方式会不会不一样呢？

孩子发脾气时，我们会对孩子大吼大叫，去镇压他们，有的家长甚至说："一个巴掌打下去，就管用了。"可是一个巴掌能管多久？这个巴掌让孩子学到了什么？他们未来发脾气的概率是越来越大了，还是越来越小了？

如果一个孩子发脾气，是因为困了、累了、饿了、身体不舒服了，我们去协助他解决完这些问题，是不是就好了？

如果一个孩子发脾气，是因为语言表达能力弱，不知道如何表达自己的需求，我们是不是可以通过问话，一步一步引导他们表达清楚？

如果一个孩子发脾气，是因为能力不足，导致很多事情做不到。我们帮助他把步骤拆解，小步前进，是不是更利于他能力的发展？

如果一个孩子发脾气，是因为内在有很多的情绪与压力，又想要获得父母的关注，我们去接纳他们的情绪，去表达对他们无条件的爱，会不会更有效？

也许，这才是孩子真正的需求；也许，这才是父母应该做的。

当我们从能力培养和心理需求的满足上，让孩子发现"我能行"，让他们确认父母无条件的爱和接纳，才能从根本上迎接孩子的挑战，也能从根本上激发孩子的动力。

我的 SI 导师黄秋蓉常说："没有一个孩子想把自己搞砸""每一个不可爱行为的背后都是在呼唤爱""作为父母，找到问题的根源，比解决问题更为关键"。

第一节　你了解自家孩子吗

一、孩子不是不想做，而是做不到

很多小学生家长的苦恼：孩子坐不住、爱哭、爱发脾气、不爱运动还特别懒、阅读时跳行跳字、专注力差……

这些问题常常导致孩子被误解，他们不是不想做好，而是因为生理发展的原因让他们做不到。

因材施教第一个"材"是与生理发展息息相关的，孩子生理的"材"是指身体健康和感觉统合的完整性。

现在剖腹产率增高，导致感统失调的孩子比率越来越高。此外，环境污染、家庭带养的精细化，让孩子缺乏接触和感知世界的机会，也带来了不利影响。

不少孩子，不会爬就直接学会了走，精细动作差，平衡力不好、注意力分散度高、爱哭、敏感等等。上了小学后，阅读写字困难，经常坐不住，东倒西歪，丢三落四，这些问题都有可能在孩子感觉统合的发展上找到根源。

这些表现会严重影响到孩子的专注力、学习力与自信心。例如，有些感统失调的孩子经常坐不住，教室规则对坐姿的要求会让他消耗很多精力，他自然很难将注意力集中在老师的讲课内容上面。

再比如，感统失调导致孩子视觉的广度不够，读书时跳行跳字，这样的孩子自然不太喜欢阅读。还有一部分感统失调的孩子，别人碰他，他会很敏感，很不舒服，会抗拒，这样自然会影响他的人际关系。

所以，了解孩子的生理发展状况，并帮助他们去做调整，让孩子拥有一个健康的体魄非常重要。因为孩子的第一个自信，是建立在生理的自信上，这是孩子未来想要取得好成绩和美好未来的基础。

二、读懂孩子行为背后的秘密

每个孩子都有其与众不同的一面，所以在家庭教育中，不可能有统一引导孩子的方法，只能在求同存异中去调教适合自己孩子的那一部分，以发掘孩子的天性。

我们常说孩子的性格不同，其实是孩子的天生气质不一样。气质是指与生俱来的行为特性，这种行为特性的差异，在个体发展中，会主动而积极地与情境因素相互作用,形成个体的特征,如动作的快慢、规律性、趋避或趋近性、适应性、情绪本质、反应强度、注意力分散度、坚持度、反应阈值等现象。

有一次,有个认识的奶奶带着孙子一起进电梯,我对着孩子微笑,奶奶出于礼貌,让孩子叫叔叔,结果孩子条件反射地退到奶奶身后。奶奶转过头对着孙子说:你这孩子,怎么不叫人呢?一点礼貌都没有!

读懂孩子行为背后的秘密

你是否也有相似行为的孩子呢?

你是否很着急,很抓狂孩子在人群中退缩呢?

你是否很希望能用什么样的方法让孩子变得大方,期待因为他的开朗而获得更多的机会和帮助呢?

我们所不知道的是,每个人生而拥有不同的性格基础,其中一条叫作趋近/避性,这是一种初始反应。也就是说有一定比例的人天生就对新鲜的人、事、物采取谨慎、拒绝甚至退缩的行为,这跟养育环境没有必然的因果关系。

如果你的孩子属于趋避类型,有两点你需要关注:

第一,先接受他们这样的行为,不要急于改变;

第二，当孩子不愿主动接近时，请留给彼此充足的时间。

同时要注意的是，不要给孩子贴上负面的标签，认为他们胆小和不礼貌。特别是在孩子6岁以前，这些消极的信息会影响到他们构建积极的自我认知，这一点对孩子来说非常重要。

其实，对趋避型的孩子来说，想改变他们的本质是不太容易的，但我们可以通过自己的耐心陪伴、鼓励和积极示范帮助孩子学会更好地适应环境。

对于趋避型孩子，家长往往希望自己的孩子更加活泼开朗、积极主动。而对于那些过于活泼开朗、"自来熟"，也就是趋近型的孩子，家长也同样头疼，反倒羡慕那些趋避型孩子的专注、安静。

趋近型的孩子能够很快地接受新的人、事、物，是我们眼中的"好奇宝宝"，有充足的求知欲望，一见人就会主动打招呼。常会讨得身边人的喜欢，但因对任何新的事物都十分好奇，大胆尝试，有时也会带来危险。

家长需耐心引导孩子分辨危险情境，给予适当的规范。同时为了满足孩子的好奇心，可以给孩子布置安全的场所，让孩子尽情探索以启发孩子的学习潜能。

我儿子就属于这个类型，每次进电梯都会主动跟人打招呼，走在小区里、去旁边的菜市场买菜，大家都认识他。

儿子对新鲜事物充满好奇，特别喜欢说：爸爸，我们去看看那是什么？我们一起去探险吧！有一次，我带他去参观夏令营营地，不到半天的时间，他就跟营地教官、助教小姐姐、集训的消防员叔叔打得火热。

这样的孩子对家长的挑战也不小，他的精力特别旺盛，周末的时候，我带他玩一天比我上一周的班还累。这样的孩子，需要家长体力好、有耐心、能够放手，给孩子更多的空间和自由，同时要给孩子做好安全教育，教他识别危险和做好自我保护。

看了两位小朋友的表现，你有什么感想呢？

上面的案例反映的只是气质九大向度中的趋避趋近性。如果我们能够通过科学的评量，客观地了解孩子的天生气质，就能够更好地读懂孩子的不同行为，真正做到因材施教，让孩子绽放属于他自己的光彩。

三、你家孩子是一颗什么种子

我有一个朋友，她希望从小培养女儿的艺术气质，送女儿去学钢琴和练习舞蹈，孩子每次都很痛苦，学了几年之后孩子实在不愿意，家长也没办法。

有一次，我去她们店里喝茶，妈妈向我吐槽：现在的孩子真是身在福中不知福，我们小的时候羡慕得不得了，可是没机会学呀！她现在这么好的条件，一点也不知道珍惜！

不管是什么种子 希望都能健康长大

你家孩子是一颗什么种子？

下面是我和朋友的对话以及在朋友家所见。

我：如果你真的喜欢，现在也可以学呀，反正你平时也有时间！

她：我都一把年纪了，现在去学让人家笑话。

我：如果你真的喜欢，什么时候开始都不晚！

她：估计现在也学不会了！

我：不在于你学得有多好，而是能感受到其中的快乐！把我们认为好的东西强加在孩子身上，对她来说可能是一种压力。

她：就是！她不去我也没办法，现在也接受了！

我们在聊天的时候，孩子聚精会神地在一边画着什么东西，我好奇地走过去一看，发现孩子正在画画。

我：她喜欢画画吗？

她：非常喜欢！

我：学过吗？

她：没有！

我：为什么没去学呢？

她：我觉得画画没什么用！

话音刚落，孩子停笔起身了！我走过去拿起她的画，顿时惊呆了，孩子用圆珠笔在一张餐巾纸上画了一幅完整的人物像。

我问这是谁？孩子指着我面前的礼盒，说画的是上面的外包装，整幅画简洁、干净，看上去特别舒服。孩子没有专业的画笔、画板、颜料，也没有受过系统的训练和指导，就在我们刚才聊天的工夫，就完成了一幅小作品。

我对孩子说：你画得真是太好了，我特别喜欢，可以拍张照吗？

孩子高兴地说：当然可以呀！

我对朋友说：孩子很有画画天赋，可以好好发展一下！

一旁孩子的爸爸说：放假的时候可以让孩子去学一下。

妈妈也笑着点点头，孩子听了之后特别高兴。

其实，每个孩子都有属于自己独一无二的天赋，我们要善于发掘、尊重孩子的天赋，让孩子在热爱的领域努力地玩，活出他自己。

1983年，美国教育学家和心理学家霍华德·加德纳（Howard Gardner）提出了多元智能理论，霍华德将人类智慧划分为八种不同维度：逻辑数学、语言、空间、音乐、肢体动作、自我内省、人际交往、自然探索。

他强调了孩子智能的多元性、独特性和发展性。在加德纳看来，传统的智力测验和学校教育过分强调语言智能和数理逻辑智能，否定了其他同样为社会所需要的智能，使学生身上的许多潜能得不到确认和开发。

实际上，每个人都有自己独特的智能组合。这些智能在人类认识世界和改造世界的过程中发挥着巨大的作用，并具有同等的重要性。

接下来，我们试想一个场景：

如果有人给了你一粒向日葵的种子，你知道它未来会开出非常美丽的花朵，结出美味的果实。现在，你会怎么做？

很多家长首先想到的是播种，不得不说，也许就是这个观念，导致种子无法生根发芽。

正确的做法是什么呢？

我们在播种之前，是不是更应该去了解一下向日葵的特性呀？

它适合什么季节播种？

它喜阴还是喜阳？

喜干还是喜湿？

多长时间施一次肥？

什么时候除一次虫？

……

只有足够了解植物的特性，并用它们喜欢的方式来培育，才能在开花结果时收获多多，对吗？

每个孩子都是一颗自带天赋的种子，你家孩子是一颗什么样的种子，你认真思考过吗？

第二节　如何读懂孩子

教育最根本的目的就是培养孩子具有适应各种情境、解决各种问题的核心竞争力。

每个人与生俱来均具有身与心两部分，根据联合国世界卫生组织对身与心的定义为：身指生理部分，心指智能及天生的个性（气质）部分。

因此，因材施教的"材"，即生理、智能、气质。生理的材，是一个孩子的健康，身体的状况；智能的材，是大脑的发展和父母所提供的文化刺激；气质的材，是孩子与生俱来的个性模式。

父母及主要照顾者只有客观地了解孩子的生理、智能及气质的材，落实"先因材再施教"的理念，才能真正协助孩子激发潜能，发展出最好的自己。

我们怎么才能了解孩子的材呢？

SI多元智能家庭测评系统可以帮助我们把每个孩子的特质具体化，帮助我们了解孩子的"三材"。同时还可以帮助我们看到家庭成员的性格行为模式，促进彼此的沟通和理解，这样我们就能够营造出一个和谐幸福的家庭环境。

进而针对孩子的特点，为他创造更能激发潜能和创造力的外部环境。在这样氛围下成长起来的孩子，更有可能成为最好的自己。

一、读懂孩子生理的材

孩子的第一个自信是建立在生理上的，生理自信心是幼儿探索环境、产生学习动机的重要基础。学龄前孩子的大脑，可以说是一部处理感觉的机器。在这段时期，孩子都是直接通过各种感觉，来认识自己的身体和周围的环境。

孩子会学习在空间中如何对抗地心引力、做出适当的肢体活动，并且学习不同的感觉刺激所代表的不同的意义。更重要的是，在这些过程中，孩子可以学习如何去主宰环境并且根据环境的要求扮演适当的角色。

孩子的第一个自信是建立在生理上的

儿童的大脑在正常状态下是一个组织良好的系统。我们虽然无法透视儿童的大脑，但是儿童外显的行为表现，就是大脑活动的反射。

当儿童表现出来的行为，与一般儿童不太一样，或是没有依循成长规律发展时，我们便可以猜想其大脑是否有组织整合不佳的问题。儿童发展过程中，大脑和身体不能协调发展的常见表现是感觉统合失调。

1. 什么是感觉统合

感觉统合是大脑组织整合感觉讯息，为应付环境需求，做出适应性反应的一个过程。

感觉统合的理论是由珍·艾尔斯博士于 1972 年正式提出的，起初她利用此理论治疗介入的对象，大部分为学习障碍的孩子，她发现有许多智力正常的孩子一直学不会绑鞋带、动作很笨拙，或是在课业学习中，有学习不佳的情形。

所谓感觉统合，即一个人将眼睛所看到的、耳朵所听到的、内耳所感受到的、身体四肢所运动的、皮肤所接触到的感觉全部输入大脑，经由大脑进行整理与分析后，做出适应环境需求的反应。换言之，即是大脑和身体相互协调的过程。

感觉统合主要包括七大感觉系统：外在感觉系统的视、听、嗅、味、触觉，处理中枢系统的前庭觉，内在感觉系统的本体觉。其中触觉、前庭觉和本体觉是最重要的三个感觉系统，也是我们训练的主要部分。

2. 感觉统合对幼儿发展的意义

感觉统合是情绪、行为、学习正常化的重要前提，是自信心、自尊心、自控能力的基础，是人类的天赋恩宠，是学习如何学习的基础能力，是大脑发展的营养通道，是孩子未来学习竞争力的基础。

感觉统合失调如同肠胃系统消化不良，并非一种病，只是一种症状。比如，前庭、本体感觉系统提供维持身体直立时所需的肌肉张力，并且提供眼球与头部动作相关位置的眼球控制，使身体在移动时仍可注意到环境中的改变。此功能不佳的特征有以下几点：

（1）容易跌跌撞撞。

（2）坐不久，常以手撑着头或趴在桌上。

（3）无法注意到环境中的改变。

（4）阅读上跳字跳行，导致学习困难。

二、读懂孩子智能的材

人的智慧包括八个方面：语言、逻辑－数学、视觉－空间、音乐节奏、肢体－动觉、自然观察、人际及内省。

每个人都有他与生俱来的优劣势，比如说，有些明星唱歌很好听，可是接受采访时却前言不搭后语；或者，一个语言表达很强的人，在生活中没有任何方向感。

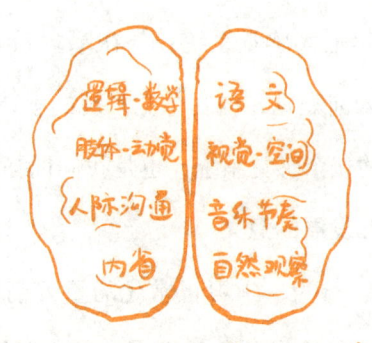

每个人都有他与生俱来的优劣势

我们了解孩子八大多元智能发展的原因，不是去贴标签，而是找到孩子的优势，从而去帮助他强化。大家都知道，做自己擅长的事情，最容易找到自信，做不擅长的事情，常常会遭遇挫折。为人父母需要做的，是帮助孩子强化优势、提升弱势。让孩子在优势中尽可能多地看到自己的闪光点，充分发挥，并带着自信去挑战自己的弱项，从而帮助孩子更加全面发展。

每个孩子都有多项智能，大部分孩子的多元智能都是优势和弱势的组合，一个孩子如果有两个或三个强项已属少数了。所以，对于父母而言，我们要用一双善于发现的眼睛去观察孩子，看到他的独特之处。

三、读懂气质的材

何为气质？气质是孩子内在的原生密码，是指与生俱来的行为特性，并无好坏的分别，在个体发展中会主动而积极地与情境因素相互作用，而形成个体的个别特征。

请大家回忆一下，在我们的孩子刚出生时，整个人的状态和行为模式是怎样的？

孩子与孩子之间是否有不同的地方？

比如他哭闹的时候是小声哭泣还是哇哇大哭？

是否有的孩子非常爱笑，有的孩子则不太爱笑，常常喜欢盯着人看？

那么，为什么每个孩子从出生就各不相同呢？

天生气质没有好坏，只有不同

这是因为每个孩子的天生气质不同。每个孩子都是不同的个体，孩子之间的"不一样"从出生就开始了。

我们为什么要了解孩子的天生气质呢？

只有真正了解孩子，我们才能用正确的观念环境来教养孩子，活化孩子的实体环境，进而滋养孩子的心灵环境。将来孩子长大成人后，才能够适应各种不同的情境，同时具备解决问题的能力。

气质是一个人与生俱来的行为特性，也就是说气质是从出生那一刻起就已经具备的，是独一无二的能力和个性。而更重要的一点，通过后天调教，可以修饰气质行为。

我们把学龄前孩子的气质称为天生气质。因为它是孩子与生俱来的并且和遗传相关的，孩子会用自己的认知来与情境互动。

每个孩子都来自不同的家庭，就算同一个家庭出生、一起长大的双胞胎，他们也有着截然不同的气质行为。所以孩子会用自己的气质行为来认知外在的世界。虽然气质是天生的，但仍然会随着环境而改变。

慢慢地孩子长大了，到了青少年时期也会形成青少年的气质，直到孩子成年后，这些过往的气质行为就形成了他的人格特质，也就是生活中我们常说的性格。

天生气质分为九个向度：趋近/避性、适应性、反应强度、坚持度、情绪本质、活动量（大、小）、规律性（有无）、注意力分散度、反应阈值等。

我们将最能影响"基本准备度"的主要项目，称之为A因子，包含趋近/避性、适应性、反应强度、坚持度、情绪本质。

1. 趋近 / 避性

孩子在第一次面对新的人事物时，第一个反应是接受还是退缩。

（1）趋避性。

代表特质：害羞宝宝

父母困境：孩子胆小、退缩

养育方式：营造安全环境，训练表达

注意要点：预前策略（提前了解情境及人事物）

孩子心声：请给我时间，我会勇敢面对的

（2）趋近性。

代表特质：好奇宝宝

父母困境：孩子喜新厌旧，破坏性较强

养育方式：给予探索空间，刺激思考

注意要点：风险意识培养，事后复习

孩子心声：请给我舞台，以及更多的肯定与鼓励

2. 适应性

（1）适应性高。

代表特质：变色龙（初生牛犊不畏虎）

父母困境：孩子对情境人事物照单全收

养育方式：注意同伴与环境

注意要点：建立正确价值观及安全意识

孩子心声：请欣赏我，并告诉我怎么做会更好，而不是批评我

（2）适应性低。

代表特质：需要时间慢慢调适

父母困境：孩子难以适应新环境

养育方式：多一分耐心、给孩子时间

注意要点：唤醒快乐记忆，倾听孩子

孩子心声：我焦虑的时候请抱抱我，我在转变中请理解我

3. 反应强度

无论是说话，哭闹的声音，表现快乐或烦恼的情绪，反应是强烈还是温和。

（1）反应强度强。

代表特质：夸张孩、失控妹

父母困境：孩子情绪反应激烈，难以自控

养育方式：耐心引导，用语言表达需求

注意要点：高质量回应，延迟满足

孩子心声：我失控时请给我时间与空间，我平复时请抱抱我

（2）反应强度弱。

代表特质：淡定儿

父母困境：孩子容易被忽视，缺乏安全感

养育方式：鼓励表达，关注感受

注意要点：留意观察，多去倾听

孩子心声：不要以为我不在意，我更需要你的主动关怀

4. 坚持度

孩子从事一项活动时，遇到阻碍或困难就轻易放弃的程度：是坚持到底，还是容易妥协？

（1）坚持度高。

代表特质：倔强小驴

父母困境：孩子执拗，遇事坚持已见

养育方式：事前策略，增强变通

注意要点：正面语言，给予权利

孩子心声：我只想按照自己的意思去做，请不要一味地催促或打压我

（2）坚持度低。

代表特质：墙头小草（易妥协）

父母困境：孩子遇到困难容易放弃，父母常恨铁不成钢

养育方式：小步前进，体验成就

注意要点：赞美要适度，鼓励不嫌多

孩子心声：我也想做得更好，请在我遇到困难时鼓励我

5. 情绪本质

孩子在一天之中表现出快乐、友善或愉悦的时间比较多，还是表现出不快乐、不友善或不愉悦的时间比较多？

（1）情绪本质正向。

代表特质：开心果

父母困境：孩子不易表达内心需求

养育方式：积极倾听，让孩子表达内心悄悄话

注意要点：关注孩子心理基本需求

孩子心声：我微笑，我也需要你的主动关怀

（2）情绪本质负向。

代表特质：板脸族

父母困境：愁眉苦脸、没有朝气

养育方式：活化家庭氛围，微笑面对

注意要点：以身作则，引导正向思考

孩子心声：我也渴望被看见，在我开心的时候请抱抱我

以上 5 个向度的内容有助于我们初步了解自己孩子的气质类型，家长们也可以通过 SI 家庭测评全面了解孩子的天生气质，进而调整自己的养育方式。

第三节　怎样落实因材施教

一、如何帮孩子建立生理自信

孩子畏难情绪严重、喜欢哭闹、写字速度慢等日常遇到的种种问题，不是我们的教育出了问题，而是孩子的身体可能存在问题。

其实，不是孩子不想做好，只是他的身体做不到。对你来说很容易的事，对孩子来说却很难。此时，需要父母协助他们，通过游戏和运动，帮助孩子建立生理自信。

二、如何找到与孩子相处的最佳模式

天生气质就是孩子与生俱来的行为特质，在后天与外部情境的互动中，形成独一无二的性格。

有的孩子天生比较外向，第一次接触人事物时很主动，有的孩子天生比较内向，见到陌生人就往家长身后躲；有的孩子很倔强，不达目的不罢休，有的孩子坚持度不够，遇到困难就放弃了；有的孩子整天笑嘻嘻的，就像一个开心果一样，而有的孩子则成天心事重重，看起来总是很焦虑。

这是妈妈的朋友琳阿姨，你等下准备好了可以跟她打个招呼

找到与孩子相处的最佳模式

这些行为表现是孩子故意的吗？不一定，大部分原因来自于孩子的天生气质，和遗传因素有一定的关系。

天生气质没有好坏之分，我们需要了解他们的特性，用最适合的教养方法和沟通方式来引导他们，做性格调教，让孩子拥有适应各种情景，解决各种问题的核心竞争力。

孩子对未来往往有自己的心理预期，可以给予孩子情绪抒发、调适和准备的时间，用足够的耐心慢慢引导孩子适应新的环境。

常陪伴孩子，并引导孩子谈论情境中愉快的事，千万不要将自己的孩子与他人比较，以提升孩子的自信与安全感，提高适应新情境的能力。同时，有意识地培养孩子的独立能力，教会孩子基本的生活技能，增强自信心和环境适应能力。

三、如何发掘孩子的天赋优势

培养孩子从优势智能入手，这样孩子的大脑很快会被活化，极富创造力，孩子的内心也将得到滋养，从而可以拥有快乐和平和的情绪，促进学习力，提升自信力，当孩子拥有充分的自信时，幸福感也就油然而生。

很多时候，家长是按照自己的需求在设计孩子的智能，所以常常出现孩子对学习产生厌倦，而家长对孩子也不理解的情况。

其实，真正找到孩子的优势，取长补短，有目的地发挥优势教育，是孩子建立自信心、价值感和归属感的特殊需要，是让孩子真正赢在起跑线的法宝。

多元智能理论的出现颠覆了传统的教育教学理念，更适应现代人的教育需求，它的核心观是：智慧并不是与生俱来的，或是固定的，它是可教、可学、可发展和提升的。

智能发展是建立在大脑刺激和发展、心灵得到充分滋养、身体健康自信的基础之上的。

每一颗种子都有自己的优势

所以，想让孩子具备终身学习的能力，请大家一定要在了解孩子特点之后再进行针对性的智能学习教育，这是我们给予孩子一生的"精神"财富。

第三章
明方向：做孩子的人生构架师

我们想把孩子培养成什么样的人？这是一个特别大的话题，无数专家学者都对此表达过自己的观点，每个家长也有自己的认识和理解。

为什么我依然要来谈这个话题？

在十多年的家庭教育和心理咨询中，我见过太多失败的案例。这些家庭教育失败的原因有很多，究其根源，在于家长的观念和对孩子的培养方向上出现了偏差。

很多家长都会说：其实我对孩子没有什么要求，我就希望他能够健康快乐地长大！这样的话，我听过无数遍！真正能这样做的家长，真的少之又少。

很多家长的观念和行为本身并不一致，甚至存在着巨大的矛盾和冲突，这也是无数家长焦虑和孩子痛苦的根源。

家长们一方面希望孩子健康快乐，另一方面又不断拿自己的孩子和别的孩子做比较，逼迫孩子上各种兴趣班，学他们并不喜欢甚至反感的各种才艺，期望孩子一路考高分、读名校，将来出人头地。

久而久之，孩子就会觉得非常反感和抗拒，甚至会出现厌学、辍学、沉迷网瘾等一系列问题。

面对孩子的种种状况，家长会懊恼，尤其是当孩子出现了严重的心理问题时，很多家长就会退回到自己最开始的那个想法，只要孩子能够健康快乐就好！能够正常上学就谢天谢地了，不敢有其他的奢望。

当孩子的状态稍微好一点之后，家长又继续给孩子加码。于是，焦虑会反复出现，这样的案例比比皆是。

在我看来，在孩子的成长过程中，家长要扮演多重角色：宝石鉴赏家、心理营养师、生态守护者、人生赋能师、成长教练、人生榜样……

首先，父母要做孩子的人生构架师，帮孩子明确成长方向，清楚自己想把孩子培养成什么样的人。

在本章的开始，我想和大家讨论三个问题：

1. 我们究竟想把孩子培养成什么样的人？
2. 我们的行为和做法是否有助于把孩子培养成这样的人？
3. 什么才是好的教育？

第一节　我们想把孩子培养成什么样的人

一、你的焦虑来自哪里

我们想把孩子培养成什么样的人？这不是一个社会问题，也不是一个空洞的教育话题，而是摆在家长面前的第一道选择题。

A. 孩子首先学习如何做一个精英，如果不幸，沦为一个普通人。

B. 孩子首先学习做一个普通人，过好自己的生活，如果幸运，成为一个精英，有益于社会和国家。

如果这是一道考题，你的选项是什么？为什么？

我个人觉得，相信许多家长也认为，是孩子的身心健康、自信、有自己的独立思考能力更重要，孩子应该有能力对自己的行为负责任，过好自己的生活，未来对社会有所贡献。

或许换个角度，从终点往回看会让我们的思路更明晰。我们会更清楚自己究竟想把孩子培养成什么样的人。

我们是想把孩子培养成精英，还是说我们首先希望的是孩子能身心健康，然后学会基本的社会技能。如果可能，未来对社会和国家有所贡献？

如果选前者，我们会非常焦虑，因为在孩子成长过程中，我们可能会有很多的失落，只要孩子哪里差一点，我们的希望就少一分；如果选后者，我们会变得淡定从容，因为只要孩子往前走，都是进步。

健康的孩子　　　　　　　被拉扯的孩子

二、我的选择：陪伴一棵树长大

我们希望把孩子培养成什么样的人？

从我开始学习心理学，到后来在教学和咨询中见过上千位孩子和家长，再到自己升级成为家长，十多年来，我无数次问过自己这个问题。

只有当我们成为父母的那一刻，才能真正理解自己的父母。孩子从出生的那一刻起，就寄托着父母无限的希望。

我给儿子取名"一木"，希望他像一棵树一样生长，过得简单、自然，拥有健康的体魄、自由的思想和独立的精神。

陪伴一棵树长大

我特别喜欢叶圣陶先生的一句话:"教育是农业,而不是工业。"

首先,教育是慢的艺术。

学者张文质曾说:"教育是一种慢的艺术。"然而,现实生活中,却不乏急功近利的现象。孩子们背负着繁重的学业负担,学书法、练钢琴、学绘画、学编程……

教师也急不可耐地将某一套"成功"的教学方法生搬硬套在自己的教学中,希望自己的学生能一鸣惊人。

这些急功近利的学习和教育尝试,最终目的不是孩子的健康成长,而是为了培养"读书成绩好,在比赛中拿名次,让父母和学校脸上有光"的"合格学生"。

其实,家长和老师们最需要做的,是让孩子这颗独特的种子慢慢发芽、渐渐长高、静静开花、悄悄结果……

不同农作物的属性各不相同,每一种都有自己的耕作方法。每一个孩子都有各自的个性和特点，家长和老师要了解他们的独特属性，做到因材施教，有针对性地进行教育引导。

家长应像农民一样，学会适当放手。农民给了种子适当的水分与养料，而怎么发芽，怎样破土而出，怎么长高那是种子自己的事。教育孩子同样需要学会放手，让孩子有机会真正做自己。

三、时代对人的要求从来没变

其实，家长大可不必太过于焦虑，在我看来，时代对人的要求从来没变。

关于这一点，我个人的理解是，真正优秀的人才是可以穿越时空的，不会随着时代和地域的变化而轻易颠覆对一个人的评价。换句话说，时代对人的评价标准一直都没有变化，未来社会对人的要求和2000年前对人的要求本质上是一样的！

过去对人的基本要求：仁、义、礼、智、信，和今天公民道德基本要求是不是一致的呢？

仔细想想，我们就会发现，2000多年前的标准放在今天依旧适用。比如，对于普通劳动者的基本要求：勤劳，这一条我觉得永远不会过时；对于老师的要求：学高为师，身正为范，这一条即使再过20年、200年，甚至2000年也不会过时；对于商人的要求：诚信为本，这一条在今天已然变成了一种奢侈的要求；对于军人的要求：爱军精武、能吃苦、有血性、不怕牺牲，这些标准永远都不会变，变化的只是对战场环境的适应和对新武器装备的熟练掌握……

仁 义 礼 智 信

真正优秀的人才是可以穿越时空的

第二节　我们为孩子做了哪些事情

每个家长都希望把孩子培养好，希望孩子身心健康，聪明好学，谦和有礼，恨不得所有优秀的品质全部集于孩子一身。

从来没有无缘无故的优秀，也没有无缘无故的糟糕。就像从来没有无缘无故的爱，也没有无缘无故的恨一样。

佛家讲因果，有一句话叫作：众生畏果，菩萨畏因。

我们不要只是一味地希望孩子优秀，想一想我们做了哪些能让孩子更优秀的事情？

发掘孩子的天赋优势，培养孩子的学习兴趣，培养孩子运动的习惯，加入积极上进的家长圈，给孩子有效的情感陪伴，必要的经济投入……

如果这些你都没有做，凭什么希望自己的孩子足够优秀？

这就好比农夫把种子播撒到地里，但除草、施肥、浇水、捉虫这些行动都没有做，到了秋天，怎么会有大丰收呢？

在之前开办的父母课程现场，我们采访了几位有故事的妈妈，她们分享了在孩子不同成长阶段自己的心得和育儿经历，我觉得特别有价值。在这里分享给大家，希望她们的分享能给你温暖和力量。与此同时，我们一起来看看，父母可以为孩子做哪些事情？

为方便阅读，以下内容均采用第一人称。

一、促进身心健康发展

我们先来听一位妈妈的分享，看看她是如何给孩子做早教训练的。

感谢这次分享，让我有机会复盘我和女儿的关系，以及作为母亲的一些得与失。幸运的是，我也一直在通过学习和觉察来修正自己的行为。

先说说那些快乐记忆吧！因为曾经开办过早教机构，经常打趣地说自己是当地早教第一人，对胎教和早教比较有经验。

记得在我怀孕后的6个多月，一天晚上在观察胎动的时候，跟孩子互动了几次，但孩子都没有动静，我就开始担心。

爸爸给孩子取了个小名，叫顺顺，希望她顺顺利利。我就说：顺顺，你动一动好吗？妈妈非常担心你，你不动的话，妈妈不知道你发生什么事情了，刚说完，孩子就用脚顶了我一下。

我当时的感觉不是很明显，就说你再动动，刚才妈妈没看清呢！过了一会儿她又顶着我肚子。左边一下,右边一下,动了好几下,我当时感觉特别神奇,那一次也算是我跟女儿的第一次链接吧!

还有就是每晚的胎教功课,基本上我是没有落下的。语数外一起发力:语文就给她念古诗,英语给她唱英文的儿歌,最最神奇的是数学,大家猜猜我教她什么?

当时不记得是谁告诉我胎教念乘法口诀,孩子以后的数学会很好。所以数学就给她念乘法口诀,经常念着念着自己都觉得特别好笑!

那如何促进胎儿大脑的发育呢?

当时我接触了陈功雄教授的爱和乐,这是一种促进胎儿大脑发育的音乐。每天晚上睡觉的时候开始放音乐,音量保持若有若无的状态,那样会激发出大脑的阿尔法波❶,促进孩子的大脑发育。这一点我坚持得很好,我觉得还是很有用的,因为女儿的音乐感知能力特别强,节奏感也非常好!

早期我是如何保证孩子身体的健康呢?

当时我给孩子补充海藻油DHA。它可以促进大脑的发育,让眼睛特别亮。记得女儿小时候生病,不管是感冒还是拉肚子,只要是生病了,我都会用益生菌来调理她的肠胃。所以后来女儿的身体抵抗力比较强,到现在都很少生病。

还有一个愉快的记忆,就是每天晚上给孩子做婴儿抚触,因为孩子是剖腹产,专业人士说,剖腹产的孩子没有经过产道的挤压,触觉不是很敏感,所以我每天晚上都会坚持给孩子做婴儿抚触。

关于早教,还有一件特别神奇的事。我记得生了女儿在医院时,每天

---

❶ 阿尔法波是四种基本脑波之一。通常所指的潜意识状态,即人的脑波处于阿尔法波时的状态。

早上都会放《蓝色生死恋》这首钢琴曲，因为当时自己特别喜欢。后来孩子上一年级的时候，有一天我无意间播放了这首曲子，孩子突然跟我说：妈妈，这个音乐我听过。当时我就觉得早教是特别神奇的事情，计划备孕的妈妈们，一定要去做胎教和早教。

在女儿四个月的时候，我就开始教她认知卡片。第一次我左手拿一张小猫的卡片，右手拿一张小狗的卡片，然后用清晰缓慢的语言告诉她"小猫""小狗"，停了一下后，我把两张卡片放在孩子的面前，问小狗在哪里。

孩子的眼珠子转动了几下，然后就盯着小狗的卡片不动了。

在女儿生命的早期，带给我很多的快乐和不可思议。看着她聪明伶俐，身体健康，我庆幸自己学习了早教和家庭教育的知识。

二、培养良好学习能力

梅子老师是成都市一所国家级重点中学的老师，工作27年，当班主任20年。在一次家庭教育课程的现场，我有幸对梅子老师进行了采访。当时她女儿正读大四，第二次交流时，她告诉我女儿收到了埃塞克商学院、巴黎中央理工－高等电力学院的双硕录取通知书。

Q1：您的女儿小学到高中都是学艺双优，请问您做对了哪些事情呢？

1. 做好孩子的陪伴者

其实吧，我女儿第一次参加小学面试没有通过。这话说起来有点长，甚至孩子上幼儿园的时候，曾经被一个老师怀疑智商有问题，因为老师觉得其他同龄的小朋友知道得很多，我的孩子却懂得很少。

原因在我，因为自己是老师，我更看重孩子的习惯，不太想让孩子提前学知识，到学校去展示自己多优秀。这样的话，她上课就可能不会认真听课。

女儿在上幼儿园之前没有学什么知识，基本是以玩为主。她玩到了什么程度呢？邀请小朋友或者是亲朋好友们一起出游时，都说这是我的人民公园，我的活水公园，我的什么什么地儿啊，真的是玩得很开心！

我现在回过头想，玩是孩子的天性，而且在接触大自然母亲的过程中，她可以获得很多的能量！

关于陪伴孩子，我有三种不同的理解。

第一种：看着孩子。

爸爸妈妈在喝茶，打麻将，孩子在一边儿玩儿，基本上，家长就看看他们有没有什么问题，有没有什么危险，只要不吵架就好了。

第二种：守着孩子。

家长会守在孩子的面前，看着孩子玩儿。看他们嬉戏打闹，玩沙堆土什么的。

第三种：做孩子的玩伴。

最好的方法就是参与其中，给他们做玩伴，跟孩子一起玩。我觉得只有这种身心参与的玩法，才有可能跟孩子建立很亲密的关系。

在我看来，这种亲密的亲子关系，是家庭教育最重要的基础。我们常说：关系大于教育，如果孩子不认同你这个人，即使你讲的道理再好他也听不进去！

这是我关于陪伴的一点体会，真正做到和孩子一起游戏，一起玩耍，一起学，做好孩子的陪伴者！

Q2：有些孩子小学前也是一直玩，上学后一开始就跟不上，自信心受挫后，越来越差。您怎么看？您女儿不仅没有出现这种情况，而且越来越好，在您看来是什么原因呢？是您从小培养了孩子的自信心，还是说她本来就比较好？

这样吧，我给你举个例子，在我女儿上小学的时候，她们的第一次公开课，我也去听了，发现她一直没举手，整堂课下来一次都没举。

她旁边那些同学手举得老高，甚至冲到讲台上去。我自己当然知道，老师一提问，他们什么都知道，肯定是提前学过的，所以没有去质问她为什么不举手。

接下来就是鼓励她，让她感受到爸爸妈妈对她的支持。放学接她的时候我会问："今天学了什么？学懂了没有？"

认真耐心地听她说，她慢慢会发现，其实每天学的东西我都会呀！到了一定的时候会发现：我也可以，我也挺好的！

的确，孩子刚起步的时候，信心很重要，这也是很多家长为什么想让孩子提前学，获得心理优势的原因。

但另一个问题又来了：孩子的注意力可能会放在展示自己、获得老师的表扬方面，真正花在学习和听课上的精力并不多。在课堂上的学习效率不高，越往后学的内容增加了，或者难度提升了，这种短暂的优势就没有了，孩子的自信心反而会受到打击。

培养良好的学习习惯

2. 培养孩子的学习兴趣、学习习惯和学习能力

我对培养孩子学习兴趣、学习习惯、学习能力的重视远超于对分数的在意。

举个例子，女儿上幼儿园的时候，就有很多家长送孩子上兴趣班学习英语。但是我的孩子呢，我不想让她先学那么多的知识，只是给她听英文歌，所以当时买了一套迪士尼的动画片。

对于学习资料，大部分家长就是买回来让孩子看，或是要求孩子背诵里面的对话。

我对她是完全没有要求的，她只是看动画、听歌，但令我没有想到的是，熏陶了大概有半年，里面的许多歌曲她都学会了。

英语启蒙给她带来的好处是什么呢？

她不反感学英语，这种先听说唱的方式培养了很好的语感，所以上了小学之后，她的英语是不需要花时间精力专门去背单词的。

她跟我说：妈妈，我发现英语的拼写和读音是有关系的，这个有点儿意思。

我只是不想让孩子太小就去学这种方法和技巧层面的东西，不然给她的压力太大了。真是无心插柳柳成荫，这样做反而培养了孩子对英语的学习兴趣，后来她的英语一直都没补过课。

关于英语学习，有两段小故事，她在小学的时候和三个孩子参加过一次比赛。跟她一起比赛的孩子是专门在外面学过英语的，还是外教教的，但是那些孩子心理压力很大，他们觉得我是学过的，所以我就应该做到最好。

而我家女儿呢，她没有觉得我比谁好，就是纯粹把自己陶醉到那个唱歌里面，所以她的表演就很自然，很有感染力。

中学时孩子的学习压力挺大的，刚去的时候，英语成绩可能在班级排名比较靠后。但是我女儿会跟我说：妈妈，因为他们先学嘛，他们比我好，以后我学了之后，相信我不会比他们差，你不用花钱去给我报兴趣班。

确实如她说的那样，到了初三的时候，她基本上都是排在班级的前几名。有一年暑假，她去看初中班主任，老师还好奇地问：当年是什么事情让你开窍了呢？我发现你到初三后期英语就有学通了的感觉。

我个人的体会是：我们尊重这个学科的特点，语言的规律，首先要有兴趣，通过听说唱来感受语言本来的样子。

3. 家长要学会借力

还有一点要跟大家分享的是：我比较喜欢向我的同事和朋友请教，通过借力用好身边的教育资源。

比如说写作文，我以前挺爱挑孩子毛病的，看她是否有错别字或哪一句话不通顺。

但是她初中的语文老师跟我交流的时候却说：你家孩子优点特别明显，很有灵性，她写的作文很生动。你不用去看有没有错别字或语句是否通顺，保护她的这种灵性和兴趣就好了。先把这一步建立起来，其他问题等她成熟一点就迎刃而解了。

数学方面我很看重计算能力，也喜欢挑她的毛病。一位同事说，孩子的理性思维目前还不够好，大脑发育没有完全成熟，偶尔会粗心是正常的。

你现在要抓的核心是多观察她，只要能力到位了，通过多练，到了一定的时候，这些问题就会迎刃而解。如果你老挑她的毛病，会让她在这门学科上产生紧张心理，怕自己犯错，结果反而思维受限。

再说一下关于她兴趣爱好的培养。我觉得孩子一定要有一个强壮的体魄。需要选一项喜欢的体育项目，坚持锻炼，最好能够发展成为特长，给她增加信心。

另外，也可以去尝试各种艺术，在尝试的过程中观察和发现，哪一项有天赋就坚持学习和培养，后来我发现了女儿在唱歌跳舞方面很有天赋。

我自己很看重语言表达，想让她学演讲主持，觉得能说会写的表达能力太重要了！我也劝说她很久，但她还是不喜欢，最后选择尊重她自己的天性和选择。

她在舞蹈方面，并不是技巧有多好，而是每次表演的时候都非常投入，特别有感染力，包括唱歌也一样。

我在想，作为家长不要把自己的愿望强加给孩子，而是要尊重孩子的选择，或者说顺应孩子的天分，因为每个人都有自己擅长的优势。

三、给孩子高质量的陪伴

红景老师是一位 9 岁女孩的妈妈，生涯规划师，女性内在成长导师，她分享的主题是"和孩子一起成长"。

女儿小名叫暖暖，我希望她成长为一名恬静温暖的女生。接下来，我将和大家分享恬暖出生后我们一起成长的故事。

1. 痛苦，是一种对完美的奢望

孕期的时候，我只想着，有朝一日孩子出生后我会轻松很多，却没想到这只是一个痛苦的开始。

当时，我并不知道焦虑是如何产生的，原生家庭的痛苦又该如何改变。我只记得从一开始对女儿就有无数的担心，觉得哪里都不对劲。

后来我才觉察到，那时候我是希望给她一个完美的开始，一个完美的幼儿期和儿童期，甚至希望她有一个完美的人生，因为只有这样，原生家庭带给我的痛苦才能被疗愈。

2. 分离，带来的不只是想念

2013 年，暖暖 5 个多月的时候，因为种种原因，婆婆把她带回了老家，我和老公仍然留在深圳工作。

利用这段她不在的时间，我试图去修复孩子出生后伴侣关系产生的裂痕，也尝试去找回工作的激情。但是事情并没有完全朝我期望的方向发展，其中伴侣关系有所缓和，但工作动力却无法找回。

后来，带着对孩子满满的责任感，我决定辞掉工作，把精力转向心理学方向，希望育儿和学习可以完美结合，现在回想这段时光，分离带来的不只是想念，还有勇气。

3. 在一起的日子，我看到了自己的痛

2014年，暖暖1岁，她生日前，我辞掉工作，从深圳回老家全职陪伴她。回去的时候，她已经忘记了我，但仍然亲切地看着我，并给我拥抱她的机会，只是她和奶奶会有分离焦虑。生病的时候、长时间看不到奶奶便会哭，不让我抱。

为了改变这种状态，我几乎一天24小时陪伴她。那时候，1岁的她还不会爬，不会站，我带着她练习，牵着她的手学走路，去每一个可以玩的地方，每天安排不同的项目，拼命地学习育儿知识。暖暖2岁多的时候，她开始黏上了我，亲子关系得到初步修复。

婆媳关系出现问题几乎都是因为孩子。看到女儿的痛苦，我就会想起自己小时候的痛苦，甚至比她的要大10倍。我不希望她受到任何伤害，那时候我看到了自己的痛苦，却没有看到完整的自己。

4. 成长自己，让我看到希望

2017年，暖暖3岁多，上幼儿园，我放弃做了近一年的微商，到公司上班，做情感分析师，同步考心理咨询师证书。

2018年，在一次家庭治疗的课程中，老师一句话点醒了我：一定要记得爱自己，相信你在给自己爱的时候，不会忘记肩上的责任！那一刻，我哭了……

人生的30多年，30岁之前为父母；31岁到36岁，为孩子。而我自己在哪里？

从那时开始，我开始越来越多地关注自己，也开始探索自己热爱事业的可能性。在这期间，孩子从胆小变得勇敢，从沉默变得活泼，并且逐渐有了一些自信。

给孩子有效的陪伴

5. 找到热爱，和孩子一起成长为更好的样子

2010年到2020年，我换过6份工作，每次找工作都要兼顾能力和兴趣，更重要的是，能否在工作的同时很好地兼顾到孩子。当工作与陪伴孩子发生冲突的时候，我都会义无反顾地选择孩子。

2021年1月1日，我想勇敢地为自己活一次，于是辞去了最后一份工作，重启自己2019年已经布置却没有正式启动的工作室，成为一名自由职业者。

当我做出这个决定的时候，整个人感觉很有力量。在这喜悦、自由的日子里，需要花更多的时间学习和工作。我让婆婆从老家回来帮我带女儿，孩子刚开始有些不适应。

当我告诉她：妈妈爱你，妈妈也爱这份事业，妈妈在做自己喜欢的事情，你可以支持我吗？她一边说可以，一边拥抱了我。

现在她越来越喜欢和我一起聊天、辩论和读书。有一次，女儿骄傲地说，我妈妈的工作和别人不一样，妈妈是一名心理咨询师，她的工作是帮助别人，而且妈妈是为自己工作，每当这个时候我心里都充满喜悦。

有一次，学校开家长会，和老师沟通孩子的情况，老师说她是一个有爱心，思考力和表达力都很好的孩子，而且非常自信。回想一年级的时候，她还拉着我的手哀求：妈妈，咱们回家不上学好不好？

同时，老师也指出了她的缺点，比如上课专注力需要提升，发言不太积极，但我觉得瑕不掩瑜。我也针对这些问题和她进行了沟通，并制订了解决方案，后来我把方案发给老师，老师也很愿意一起帮助孩子成长。

作为妈妈，在孩子出现问题的时候，我愿意和她一起面对，因为我觉得陪伴孩子最好的方式，是和孩子一起成长。

第三节　未来社会需要什么样的人

孩子的培养，不应该局限在过去，也不能拘泥于现状，应该放眼未来。

每个孩子都是为未来做准备的。

研究表明，西方人才培养模式注重这些特质：知识面、创造力、适应性、独立性和实践能力。东方人才培养模式注重的特质：逻辑思维、知识深度、重视阅读、统计规范和集体主义。

未来的人才可能是集东西方培养模式之长的人才，既有广度，又有深度，更注重综合素质。

基于以上所述，站在未来的角度，我们必须思考，培养孩子的方向是什么？孩子到底要成为什么样的人？

身体健康　精神独立　思想自由

未来社会需要什么样的人才？这是每一位教育工作者需要思考的问

题。在急剧变化的时代，教育的价值，不仅在于让孩子能够认清现实，更重要的是能够引领未来。

对于未来的社会可能是什么样子，很多人都在猜想、预测，我也曾在脑海里想象过未来社会的样子。无论时代如何变化，我坚定地认为：一个孩子只有身心健康、思想自由、精神独立，能够适应各种情境，拥有解决各种问题的能力，才能成为未来社会真正需要的人。

一、身心健康

我们不断在追寻先进的教育理念，对孩子的未来抱有无限希望，想着有朝一日把孩子培养成栋梁之才。试想，如果连最基本的身心健康都无法保证，栋梁之才的土壤在哪里呢？为什么这个最基础、最重要的因素，反而被我们忽视了呢？

强健的身体是一切事情的前提

随着社会的发展，生活越来越便利，青少年身体活动相较于过去大大减少。学生缺乏兴趣爱好，主动锻炼意识不强，学业任务重，体育课被其他学科挤占，学生没有时间进行体育锻炼也间接影响了体重、身体素质。

在过去几年的夏令营活动中，我发现，现在孩子的身体素质非常差，我们很难想象一个身体孱弱、身材瘦小的孩子，会有强大的自信心。

在我看来，学校如果重视体育锻炼，那说明对自己课程教学是有信心的，能够运用合理的时间，高质量完成教学任务，无需挤压和占用孩子体育运动和课外活动时间。

我特别推崇清华大学对体育的重视，清华大学的学生想要顺利毕业，体育成绩必须达标。这里有最繁重的学业，也有最重视体育和热爱运动的人，由此看来，学习和运动两者并不矛盾。

我发现，有很多学校和家长，为了让孩子有更多时间学习，会牺牲孩子的运动时间，甚至忽视身心健康。

为什么我们嘴上说健康很重要，在行动上却很难执行呢？那是因为本质上还是觉得不重要。关于身心健康，在我的教育认知里，是排在第一位的！

我对孩子的要求是，可以成绩不好，甚至可以不读大学，身体素质一定要好！把运动当成自己终身的爱好。所以我选择幼儿园的第一条是操场足够大，学校重视体能课。

在我看来，爱运动的孩子少生病，少挨欺负，他们更自信、不怕困难，有韧性，能够勇敢地面对挫折和挑战。儿子现在最喜欢的课是体能课，最喜欢的老师是体育老师。

二、思想自由

一个孩子一定要有自己的想法，要有主见，我觉得这是特别重要的。因为在未来的社会里，信息纷繁复杂，我们要从众多信息中获取真正有用的来做出判断和决策，这一点至关重要。

随风奔跑自由是方向

但是现实生活中，很多孩子没有想法、没有主见、没有目标，对什么都不感兴趣。

为什么会出现这样的情况呢？因为他们很多的想法、兴趣都被家长抹杀掉了。很多的事情都有人帮他们安排，他们压根就不需要去想，我觉得这是一件特别可怕的事情。

孩子会很舒适地躺在他们认为的安全区里，但是到青春期，随着孩子自我意识的萌芽，孩子会发现这好像不是我想要的生活，于是会出现我们所说的青春期的叛逆：孩子不听话、厌学、顶撞家长……

孩子为什么会顶撞父母呢？因为他觉得，以前所有的事情都是爸爸妈妈帮他做主，现在他觉得自己可以做主了。

孩子为什么会厌学？因为从小到大都是爸爸妈妈逼着催着他学习，如今，孩子对学习根本就不感兴趣，很自然地进入到厌学的状态。

我们很难想象一个没有主见和想法的孩子，未来会如何去面对自己的人生。就好比一只生活在笼中的鸟，待在笼子里的时候觉得挺舒服的，一方面它很渴望外面的世界，另一方面又不敢融入外面的世界，因为它对外面的世界一无所知。

写到这里，我想到了徐凯文教授提出的一个新词：空心病。

在父母的眼里，孩子衣食无忧，应该满心欢喜才对呀！为什么身在福中不知福呢？总是喜欢无病呻吟。

在孩子的眼中，自己是个玩偶、是个摆设，是个不被尊重、无需顾及感受的机器人。

他们早早地被安排好了一切，没有任何空间和自由。他不知道自己想要什么，甚至不曾感受到自己真正活过，内心极度匮乏。

那么，应该如何避免"空心病"呢？

很简单，给孩子自主感，让孩子有选择的空间，保持思想的自由，成为一个有主见的人，真正做自己，这样可以有效地避免"空心病"。

我想讲一个自己的故事，希望帮助家长们认识到：我们要鼓励孩子做自己，不去迎合谁或将就谁，鼓励他们表达自己的想法，尊重他们的决定，让他们做自己真正喜欢的事。

很多家庭的婆媳关系都不是特别好，尤其是在农村，婆媳之间吵架也是比较常见的事情。

那一年，我大概七八岁。一次，我在帮奶奶收麦子，听见一对婆媳在吵架，奶奶打趣地问我：熊勇，如果哪天我和你妈妈吵架，你会帮谁？

这个问题挺难回答的，难度系数就好比女朋友问你：我和你妈同时掉进水里，你先救谁？

我笑着回答说：奶奶，你们谁是对的，我就站在哪一边。奶奶听后，开心地笑了！在她看来，我是个有主见的孩子。接着奶奶又补充了一句：你以后要比你爸妈强！

（一）如何培养一个思想自由的孩子

父母应该如何培养一个思想自由、有主见、有担当的孩子呢？

首先，把孩子当作一个完全独立的生命个体。尊重他的独立性，给孩子相对宽松的成长环境，这样一来，孩子才敢于提出自己的想法。

如果家长总是觉得孩子什么都应该听他的，感觉自己说什么都是对的，把孩子当作自己的附属品或者私人财产，这样的孩子永远不可能有自主感，也不可能有主见，更不会承担责任。

家长具体应该怎么做呢？

1. 多问孩子的意见

多给孩子说的机会，日常生活中，多问孩子的意见。比如喜欢吃什么水果，穿什么颜色的衣服，选什么样的玩具，甚至一些重大家庭事务的决策，都可以让孩子参与进来！

2. 鼓励孩子多表达

当孩子发表自己的看法和意见时，家长一定要耐心倾听，这样会让孩子更有表达的欲望。同时，对于孩子的观点和看法，一定要及时反馈，尤其要给予积极评价。比如："这真是一个不错的主意！""哇，你真是太有创意了！"

通过这样的方式激发孩子的成就感，在一次次的鼓励中，去建构孩子"我能行"的信念。

（二）如何培养孩子的责任感

1. 让孩子多经历

如果父母从来都不给孩子独立做事的机会，孩子不太可能有责任感。甚至连什么是责任感可能都不知道。所以，一定要让孩子多去经历，去体验。

2. 让孩子明确哪些是他自己的事情

对于小孩子来说，自己的玩具自己收拾，自己独立吃饭；对于稍微大点的孩子，除了干好自己的事情之外，还需要承担一些简单的家务劳动，比如打扫卫生、扔垃圾等，这是孩子作为家庭成员的义务。

3. 让孩子承担自然后果

如今，很多家长习惯事事帮孩子做，以至于孩子根本没有尝试的机会。因为是父母帮忙做的决定，一旦做得不好时，就把这个锅甩给父母。

就像一位SI家庭顾问咨询师说的那样："父母的手伸长了，孩子的手就容易变短！"我们必须让孩子去做，做得好，享受结果；做得不好，承担后果。这样的话，孩子就会慢慢学会承担责任。

三、精神独立

什么是精神独立？如果把身心健康比作树叶，思想自由比作树干，精神独立就好比树根，是一个人的心理营养。就像一棵刚移植的树，当它的根系还没有扎进泥土时，四周需要用木桩支撑才不会倒。而一棵原生的树，因为有非常丰富的根系，所以无惧风雨挑战。

遗憾的是，今天有很多人在精神上非常不成熟，有特别严重的依赖思想，很多父母觉得孩子是自己的私有财产，是父母的附庸，孩子感受不到自己是一个完整和独立的个体。

把孩子当成一个独立的个体

孩子只有保持精神上的独立，不断汲取新的营养，才更容易养成独立思维，去面对未来的种种困难和挑战。

我在教育自己的孩子时，会充分尊重他的自主权。从孩子出生到现在，他的很多事情，比如他喜欢什么样的书，每天穿什么衣服，穿什么鞋，买什么玩具，都是自己做决定。所以他的自主感和独立能力非常强。

孩子只有自己做，将来才能做自己！

如果我们希望培养出一个精神独立的孩子，就不要把孩子当作我们的附属品和私有财产，他是一个独立完整的个体，他就是他自己。只有父母从一开始帮助孩子建立这样的认知，才能够真正意义上培养出一个精神独立的孩子。

第四节　什么才是好的教育

不少家长问我：什么才是好的教育？好的教育的标准又是什么呢？我想从三个方面来聊聊这个话题。

一、社会：多元性才是健康的教育生态

如何看待孩子，关键还是父母的认知和理解，与其天天逼孩子，不如修炼自己。也许，有一天你会发现，孩子的成功只是我们看不到而已。

多元性才是健康的教育生态

我特别认同科学家尹烨关于教育的一段话："从基因研究的角度来看，保护物种的多样性有利于我们维持基因的多样性，有利于生物的演变与发展，这转换到我们的教育领域，孩子们发展的多元性也需要被保护。"

成功不是单一定义，人生应该是多样化的。你能不能很确定地告诉我：

哪种蔬菜最好吃？哪种水果营养价值最高？哪种花最美？哪个职业最成功？哪种颜色最好看？

首先，这个问题没有答案。其次，即使有答案，若一片土地只种一种花，每天只吃一种水果，所有的人都去做一种职业，这个世界上全都是一种颜色，你敢想象这样的世界吗？

我想给大家分享两个案例，大家可以来评判一下，这两个孩子哪一种算成功。

案例一：

多年前，我去参加一个大学生毕业典礼。校园里到处都是身着学士服、脸上洋溢着笑容的毕业生。在授位仪式前，我看见一位中年女士牵着身着学士服的女儿朝主席台跑去，刚跑出没几步，帽子掉了。女生停下来就对她妈妈发脾气："你看你怎么回事，这个帽子大了，我怎么戴嘛，你快点去给我弄好。"她妈妈赶紧捡起帽子，歉疚地说："女儿，不着急不着急，妈妈弄好了马上给你送过来。"看到这一幕，我不知道该说些什么才好。

一个即将毕业的知名大学的学生，连自己的着装都不能整理好，我不知道大学教育之于她，究竟意味着什么？

案例二：

另一位学生家长说起她侄女琪琪的故事。琪琪很小的时候父母离异，她跟着父亲一起生活，后来父亲也生病去世，姑妈把她接到自己家里当女儿一样抚养。

她从小就很喜欢跳舞，但因为姑妈家的经济负担比较重，乖巧懂事的她一直没跟姑妈提起她想学跳舞的事。初中毕业后，她希望早点挣钱就出去打工了。

两年后她用打工攒下的钱去报了专业的舞蹈班，之后成为了一名专业的舞蹈老师，月收入过万，每年还有机会出国演出。

那位女大学生在授位仪式前的表现令我思考：教育到底带给她什么？而琪琪的故事则让我在想：是什么成就了今天的她？

二、家庭：家族的精神财富需要传承

我见过一些家长，自己没有读过多少书，生活在社会底层，他们特别希望孩子比自己优秀能干，以此来弥补自己当年的遗憾，或者说，给自己脸上增光。当然了，也更希望孩子过得比自己好。

还有一些家长，他们本身是知识分子或自己创业当老板，拥有一定的社会地位和财富。他们觉得孩子不能比自己差，要强过自己，从他们的角度来讲，如果孩子没有我厉害或者说过得不如我，是不是代表我教育的失败，代表我脸上无光？

这种心情我们当然能够理解。但是从孩子的角度来讲，如果父母已经非常优秀了，孩子其实很难超过父母。这无形之中就会给孩子造成一种非常大的心理压力，孩子心里会想，如果我无法超过父母，那我就是失败者。

那么，可不可以换一个角度来理解呢？从家庭教育的角度来讲，并不是说孩子一定要过得比父母好，或者一定要超越父母的成就，相比于孩子将来取得的成就，家族精神财富的传承更加重要！

教育不是一个人的马拉松，而是几代人的接力赛。

我们看到别人家拥有丰厚的财富，别人家的孩子成绩优秀，就羡慕不已。但我们不知道的是，这是几代人累积的财富和几代人教育叠加的结果，我们凭什么要求孩子拼命努力，去超过别人几代人的奋斗呢？

在我看来，好的教育一定来自于家族的传承、知识的传承和精神的传承。

我想说说我们家的故事。

我们家上两代人都是农民，奶奶出生于20世纪40年代，小时候家境还不错，读过高中，算是村里面比较有见识的人，大家遇到什么事，都喜欢请她帮忙拿主意。奶奶在世的时候，一直对我们说，希望熊家的后人一代强过一代。

我爸是家里的长子，读书成绩不错，读到高中后，被迫辍学分担家务，小叔在兄妹五人中排行最小，学习成绩特别好，90年代考取南开大学，后来在北京定居。我爸靠务农供养我们兄弟二人同时上大学，我哥是北京化工大学的研究生，我就读一所师范学校。大学毕业后，我们都在大城市定居。

在当时的农村，高中毕业生都不多见的情况下，我们家能走出三位大学生是一件非常不容易的事情，这和奶奶的见识以及父亲的坚持是分不开的。奶奶让我们看到了大家对读书人的尊重，父亲的坚持让我们相信知识的力量。经过两代人的托举，让我们有机会在城市立足，也让我们的孩子获得了更好的发展机会。

三、个人：活出自己的精彩是每个人的使命

从孩子个人的角度来讲，我觉得真正意义上的成功，首先是孩子能够找到自己的天赋和优势，能够活出自己。其次是孩子有基本的生存能力，如果可能的话，对社会有所贡献，这就是我所理解的好的教育。

我想分享一个没那么耀眼，但在我看来却依然无比精彩的孩子。

我特别喜欢听李玫瑾教授讲育儿方法，包括我身边很多家长，也是她的忠实粉丝。李玫瑾是中国人民公安大学教授，长期从事犯罪心理和青少年心理问题研究，她表达观点的时候很接地气，没有说教感。

绽放自己是成长最好的状态

更让我钦佩的是,她对女儿的教育。她没有因为自己是教育专家而对女儿苛求,而是接纳女儿的不足,尊重女儿的兴趣,让女儿选择自己喜欢的发展道路。

李玫瑾教授曾在讲课时提到:女儿的学习成绩不太好,尤其是数学,上初中的时候,120 分的试卷有一次只考了 15 分。换作其他家长,可能会瞬间对孩子发火。但她却开玩笑地跟女儿说:你数学不好,纯属就是随了你爸的基因。

在她看来,宁愿孩子上不了名牌大学,也一定要心理健康阳光。她还认为,不应该牺牲孩子的睡眠时间来换取好成绩,人如果睡眠不好,心情就会变差。为了孩子在第二天能保持好状态,她要求女儿最晚的睡觉时间是晚上 10 点。这种看似佛系的育儿态度,养出了一个乐天派的女儿。

因为女儿的学习成绩不好,李教授也尝试帮孩子寻找各种发展的可能性。比如曾鼓励女儿锻炼身体,希望她日后能够当个导游。也鼓励孩子学音乐，觉得学艺术也许对文化课没这么高的要求。事实证明，艺术的路走通了，女儿对乐器很感兴趣，顺利考上了一所艺术院校，后来成了一名普通的音乐老师。

虽然没有成名成家、没有大富大贵，但是孩子成为了阳光快乐的普通人，我想同样也是一种成功。

第四章
建生态：做孩子的生态守护者

在过去的10年里，我做了上千例青少年心理问题咨询案例，这些孩子当中有得抑郁症的、有辍学的、有沉迷网瘾的。我发现这些案例背后有一些共性：家庭生态系统失衡。

用一句话来总结：父母不知道如何做家长，孩子不知道如何做自己。

那么，如何修复家庭生态系统呢？

说起来并不复杂，每个人找到自己的家庭生态位。爸爸不缺位，再忙也能陪伴孩子成长；妈妈不越位，学会偷懒、示弱、放手，让孩子有机会独立；家庭关系不错位，不以孩子为中心，不把父母的想法和期望强加在孩子身上。

良好的家庭生态系统就是要让孩子做回自己，夫妻双方彼此独立又互相依靠，有自己的空间，也尊重对方的自由。

第一节　找到每个人的家庭生态位

一、让孩子做回自己

肯定有很多朋友会问，怎么才能让孩子做回自己呢？我觉得以下几个方面特别重要。

让孩子做回自己

1. 父母放下对孩子的期待

为什么很多孩子无法做自己？

每当孩子有一些想法的时候，父母会进行干预，会去抹杀孩子的创意，控制孩子的行为，慢慢地孩子就没有自己的想法了，一味地顺着父母指定的路去走。

到了一定的阶段，孩子发现，好像这不是自己喜欢的，于是出现叛逆、自暴自弃、厌学、辍学等一系列问题。

下面的故事来自我曾经遇到的一位让我印象特别深刻的家长。

一位高三男生的妈妈向我吐槽：孩子不自信，没有主见，对未来没有目标，什么都不想干，也不爱说话。

但当我和这个孩子沟通之后，发现他是一个特别有想法的人，为什么他不愿意讲呢？因为他提出的所有想法都会被妈妈否定，所以后来就压根没有任何想法了，只能逆来顺受。

妈妈是女强人，一家上市公司的高管，她对孩子的要求是学财会，因为妈妈的工作就是这个，她觉得这个工作很好，稳定，收入高，于是就想让孩子走自己的路。

孩子的兴趣和优势在哪里呢？其实他很有艺术天赋，思想非常活跃，喜欢摄影和画画。我看过他的作品，非常不错。但是，妈妈完全没有顾及孩子的感受，觉得这些事情就是不务正业，能有什么前途。

试想一下：在这种情况下，孩子怎么敢有想法？

其实，妈妈咨询的目的并非不清楚孩子的想法，而是希望我帮忙劝说孩子放弃摄影的想法，选择她认为有前景的财会专业。

我很直接地告诉这位妈妈：这不是我的工作！

聊天结束的时候，我给妈妈和孩子留了一个问题。孩子有两种选择：

一种是按自己的方式生活，做自己喜欢和擅长的事情。可能妈妈会不高兴，由此可能会缺少家里的支持，孩子会过得比较辛苦！

另一种是放下自己的想法和爱好，按照妈妈规划的方向发展，孩子的生活条件可能很好，但可能过得不快乐！

孩子是想做自己，还是妈妈眼中的"好儿子"？妈妈是希望孩子更快乐，还是希望孩子更有钱？这个答案只有他们自己知道。

在我看来，什么样的孩子有目标、有动力且阳光积极呢？那就是，孩子能够做自己真正喜欢和擅长的事情。

2. 善于发现孩子的优势，把选择权还给孩子

我们要善于发现孩子的优势和天赋，而不要基于我们有限的认知认为孩子应该怎么样才比较好。

在一次讲座现场，讲座结束后我在回答其他家长的问题，一位妈妈久久没有离开，带着她的两个孩子，一直在门口等我。大概过了20分钟，其他家长走完之后，妈妈过来打招呼："老师，我觉得今天收获非常大，我特别想请教一下，我该怎么来教育好我的孩子。"

妈妈接着说：姐姐学习比较主动，成绩也不错，弟弟性格比较好，其他就没有什么优点了，他也没什么兴趣爱好，不知道该怎么引导和培养。

妈妈边说边笑，很乐观，她跟我讲话的时候，姐姐和弟弟一直在参与，妈妈也没有打断他们，有时候还相互吐槽对方，能看得出来他们的亲子关系非常好。

我觉得这家人很有意思，妈妈说弟弟成绩不好，感觉也没有什么爱好，但也比较尊重孩子的想法，只希望他培养一项爱好和技能，并不一定要成绩多优秀。我觉得这位妈妈的观念特别好。

我："孩子平时喜欢什么呢？"

妈妈："好像没有什么特别喜欢的东西？"

姐姐："弟弟特别喜欢吃，而且饭量惊人。"

弟弟一边点头一边笑。

妈妈："这点倒是！"

我："那还有什么喜欢的东西或者特点？"

妈妈："特别搞笑算不算？"

我："肯定算呀，这么独特的天赋怎么可以不算呢？"

姐姐："就是，只要他在的地方别人就很高兴，他可以把别人逗得很高兴。"

（弟弟长得非常憨厚，脸圆圆的，随时都是笑眯眯的状态，很有喜感）

妈妈："老师，你说的这个可以当饭吃吗？"

我："你知不知道相声演员岳云鹏？人家就是拿这个当饭吃的，可以让孩子朝这个方向发展。"

妈妈："我们现在该怎么做呢？"

我："鼓励孩子去多看这方面的作品，也可以鼓励孩子有一些创作，如果条件允许的话，可以送孩子去上一下这样的兴趣班。"

在这个案例中，我觉得非常难得的一点，是妈妈能够充分尊重孩子，不拿自己的孩子和别人做比较，不把自己的想法强加在孩子身上。

二、如何当一个好妈妈

1. "费力不讨好"的妈妈

很多妈妈经常抱怨说，自己实在太累了，什么都要管，但总是达不到预期效果。这种情况，可以称之为费力不讨好，自己烦，孩子也不高兴。具体体现有如下几种。

（1）保镖——过度保护。"女本柔弱，为母则刚"，很多妈妈把自己硬生生活成了"专业保镖"，给孩子设置层层保护，自己苦不堪言，心力交瘁，也在无形之中剥夺了孩子宝贵的学习机会。

（2）保姆——过度包办。很多女孩子升级成妈妈之后，把自己变成了无所不能的超人，什么事情都帮孩子代劳，无形中扮演着"保姆"的角色。在妈妈看来，孩子还小，觉得很多事情应该帮他做好。

殊不知，过度关爱会使孩子丧失学习、成长的机会。在妈妈的过度包办中长大的孩子，极易形成任性、自私、自理能力弱、依赖、交往能力差、社会适应能力弱等问题。

（3）法官——过度干涉。有一些妈妈处处充当着"法官"的角色，总是告诉孩子：这样不行，那样也不对。当家长过多地否定和限制孩子，孩子的独立性、思考力也就慢慢被消磨掉了。

久而久之，妈妈的权威意志、喋喋不休、事无巨细和样样过问，会让孩子走向两个极端：要么产生强烈的逆反心理，即便你说得对，他也不肯照办，甚至对着干；要么绝对服从、听话，继而没有自己的想法和思考，成为"依赖型"孩子。

（4）ATM机——过度满足。如果孩子被过度给予、满足，他会不自然地有炫耀、毁坏、轻视、默然处之等行为，而不是欣赏、珍惜、爱护、充分利用等言行。孩子的感受会是，反正这么多人给，还有更好的；只要我想要，他们就给买；我不用努力就能得到想要的东西。

因此，爱孩子不等于对他有求必应，不要让他觉得别人为他做的一切都是理所应当的。延迟满足他的需要或经他努力得到想要的东西，会使孩子懂得珍惜，也会让他学会克制、忍耐和进取。

那么，你有上述角色的影子吗？到底妈妈应该扮演怎样的角色呢？

2. 妈妈应该扮演好教练的角色

我经常会收到很多妈妈的留言,大部分都在倾诉,她们在为过去或正在发生在孩子身上的种种问题感到焦虑与烦恼,并对孩子的未来感到担心。

那究竟有没有一种方式,能够帮助妈妈们更好地培养孩子呢?答案是肯定的。

如果你在孩子的成长过程中常常被各种难题与困境所困扰,如果你不希望继续扮演以上这些角色,希望找到一种更加轻松有效的办法,那我们一起来学习如何做孩子的"教练"。

做孩子的教练,是指通过教练沟通的方式,与孩子建立良好的信任关系,成为孩子最坚定的支持者与陪伴者,引领孩子找到自己人生的方向与道路,并支持鼓励孩子拿出生命的智慧和勇气,独自上路。

很多家长形容自己是"保姆式父母",什么都要管,却往往什么都没管好。其实,教育孩子不是家长管得越多越好,关键要抓住重点。

"教练式父母"与"保姆式父母"相比,不同的地方在于,他们会挖掘并激发孩子的内在潜能,帮助孩子发现自己更多的、向上发展的可能性，最终不辜负自身天赋，活出精彩人生。

如何做孩子的"教练式父母"？具体有三个方法。

（1）改变认知：孩子每个行为的背后都有一个正当需求。

当爸爸妈妈发现孩子的某个糟糕行为时，别急着发泄怒火，而是先努力思考一番，孩子这么做，背后的正当需求是什么？家长需要去引导他用更正面的方式把这个需求表现出来。

（2）愿意相信：每个孩子都有足够的让自己变得更好的心智资源。

心理治疗师本·富尔曼曾经说过：孩子们生来就具备足够的资源，他们能够克服自己的困难，能够解决自己的问题。家长的职责不是帮助他们解决问题，而是欣赏他们的天赋，为他们的创造力注入活力。

很多爸爸妈妈，宁愿自己吃苦也不愿苦了孩子，努力为孩子创造最好的物质条件。需要注意的是，爸爸妈妈为孩子提供的资源过多，很容易淹没孩子本身的资源，他也就没有动力去挖掘并发现自己原有的资源。

所以，挖掘孩子的内在资源，让孩子活得更丰盈，才是我们留给孩子最好的礼物。

（3）学会倾听：听听孩子内心真实的声音。

当我们的孩子处在问题区的时候，他此时最需要的不是爸爸妈妈给他讲道理，也不是还没完全理解他的心情就直接给予帮助，而是爸爸妈妈的积极倾听。

积极倾听时，它需要我们把自己的情绪状态，调整为平和、宁静，并用心地陪伴孩子、等待孩子，并且在整个过程中不打断、不评价、不建议，如果孩子需要我们帮助，才给予他帮助和建议。

三、谁说忙爸爸不能成为好爸爸

现实生活中，夫妻一起照顾孩子的时间比较少，大多数时候妈妈承担了照顾孩子的责任。但教育孩子，仅仅靠妈妈是远远不够的！有爸爸参与的教育才更完整，孩子才能得到更完整的爱。

自古有"天父地母"的说法，父性相对阳刚，具有刚毅果断、强健有力、注重理性的特点；母性相对阴柔，具有慈祥温柔、细致体贴、注重感性的特点。这样一种阴阳两极相辅相成，同时给予孩子成长的养料，才能使其获得人性发展的平衡。

世界卫生组织研究发现，每天和父亲相处两个小时以上的孩子，往往智商更高，在这样的环境下成长起来的男孩看上去更坚毅，女孩成人后更懂得与异性交往。

除此之外，父亲对孩子还有哪些独特的影响呢？

由于性别特征、活动方式的不同，父亲教育的影响自然有别于母亲。父亲和子女的交往常涉及游戏和探索活动，会影响孩子体格成长、智力发展、性格塑造、品质培养、性别角色正常发展等方面的成长。

父亲对孩子的影响，重要性不言而喻，很多妈妈也希望丈夫能更多地参与到孩子的教育中来，可为什么真正参与的爸爸少之又少呢？

与休闲、社交活动相比较，孩子的位置又是怎样的？哪些是你愿意为孩子舍弃的？你是否告诉过孩子，你很享受与他在一起的时光，你非常愿意陪伴他慢慢长大。

说到这里，我想很多人都会抗议说我是个男人，我在家里承担着赚钱养家的责任，在外面有多辛苦，回到家就想休息一下，不行吗？

是的，每个成年男女都不容易，我们所有的努力就是为了生活幸福，而能让我们感到幸福的诸多因素里，很重要的一个就是在自己年老之时，看到自己的孩子健康幸福地生活。

忙爸爸也能成为好爸爸

说到如何成为好爸爸，我谈谈自己的看法。

1. 学会取舍

在过去两年里，因为事业的发展，我在另外一个城市工作，每周有两个晚上我要从工作的城市坐车回家，陪我的家人，第二天早上再从家返回工作地，而每周的这两个晚上是我儿子最高兴的时候。他从起床开始就会会说，哇！爸爸今天要回来了！对于他来说，这是一件非常开心的事情。

这个事情在儿子心中的分量是非常重要的，说明爸爸是不可或缺的，同时，孩子也能够感觉到，自己在爸爸心中是一个非常重要的人，而这种感受正是儿子安全感和自信心的来源。

2. 放下"托付思维"

我们并不是每时每刻都很忙，也不是完全抽不开身，很多时候爸爸为什么没有陪伴孩子，是因为我们往往有"托付思维"。

所谓托付思维，就是我可以花钱请别人来做这个事情。比如买学习机、请辅导老师、送兴趣班、报夏令营，通过这样的方式，代替我去做很多的事情。但是，有些事情是没有办法替代的，比如父亲的角色、对孩子人格的塑造、对孩子品德的培养以及对孩子自信心和安全感的培育。

所以，特别建议忙碌的爸爸们，即使再忙也要参与到孩子的成长中，真正履行好自己的角色，我经常讲一句话：孩子是你自己的，别人都是帮你教。

优秀爸爸的身份，会为你的事业加分。比如，一位优秀的爸爸，可能是懂得包容忍耐的人，懂得管理情绪的人，懂得时间管理的人，是热爱生活的人，更是愿意不断更新自己的人，而拥有这些品质的爸爸，在事业上肯定会越来越好。

其实，最重要的，不是你陪伴孩子时间的长短，而是和孩子在一起时，你处于何种状态。你是否能做到心无旁骛，心甘情愿，做好榜样的示范作用。

你必须知道，好爸爸在孩子的心中，是一个超人或英雄的形象，智慧的爸爸会让孩子仰视自己。

第二节　良好的关系是一切幸福的基础

一、夫妻关系：两性相处的艺术

在家庭关系中，男人是天，女人是地。有人言：天清地和出神童，天翻地覆出神经。可见，良好的夫妻关系对孩子成长的影响有多大。爱人是一种能力，被爱是一种幸福。夫妻双方婚后都在努力追求幸福，希望得到爱与被爱。可是，为什么我们常常在追求幸福时，得到的却是痛苦和互相伤害呢？

亲密关系一直以来都是难解的话题，下面我们从性格密码开始，一起探寻两性相处的艺术，更好地理解和欣赏对方，构建幸福和谐的两性关系。

经营任何关系都要从自我了解开始，因为了解自己是情绪成熟的开端，也是了解生活世界的基础。比如，你得了解自己的优势在哪里、盲点在哪里，自己该如何不断强化优势、学习提升劣势。当然，如果在了解自己的同时也能够了解对方，就能够做到共创双赢。

良好的夫妻关系会成就孩子

我们先来看一个性格特质分析图。

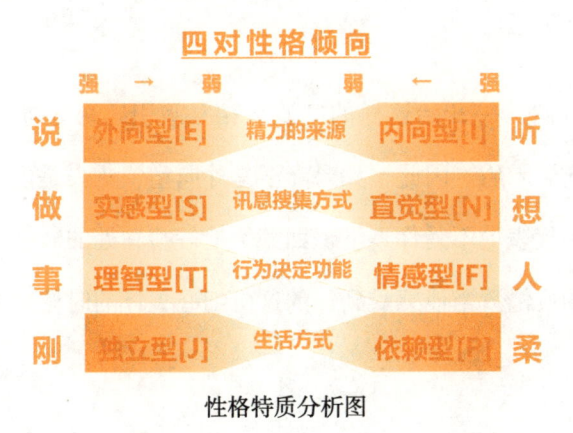

四对性格倾向

	强 → 弱		弱 ← 强	
说	外向型[E]	精力的来源	内向型[I]	听
做	实感型[S]	讯息搜集方式	直觉型[N]	想
事	理智型[T]	行为决定功能	情感型[F]	人
刚	独立型[J]	生活方式	依赖型[P]	柔

性格特质分析图

性格特质分析源于著名心理学家卡尔·古斯塔夫·荣格的性格特质倾向。荣格认为，性格并不是杂乱无章的，而是可以归纳和分析的。我们现在看到的这四对性格倾向本身没有好坏之分，只有差异上的不同。比如，内外向，实感直觉，理智情感，独立依赖都是一种互补的性格。

两性的结合大多是互补，一开始相互吸引，后来常常变成了相互排斥和挑剔，大多是因为不了解彼此性格的差异。假如能够了解这4对性格倾向的优势和盲点，就能够创造梦幻的亲密关系组合。

下面简要介绍一下各对性格倾向组合的主要特征。

1. 内向和外向

内外向是精力、力量的来源不同：外向型善于说，情感的表达比较直接，善于人际互动，精力来源是人群；内向型擅长听，爱在心中有口难开，人际的互动范围不大，精力的来源是单独充电。

如果彼此的结合是内向＋外向，外向的人很容易说我爱你，很喜欢表达爱，也喜欢别人说给她听。会撒娇的老婆，男人更喜欢，因为她会让对方很有成就感，她的爱也能够清晰地被对方所感受到；内向的人善于倾听，爱在心里却不容易表达，假如对方刚好是外向型的，容易让她觉得你不够爱她。

内向＋外向，一开始这样的气质会相互吸引，可是渐渐地会因为相互不了解而产生矛盾。因此，如果妻子是外向型，丈夫是内向型，请谅解他，不表达不代表他不爱你，下班回家给他一些独处的时间，缓和一天的忙碌所带来的疲倦。当他感受到你的这份细心关怀的时候，就更能体谅你的付出。

2. 实感和直觉

主要是信息收集方式的不同。实感型通过视、听、嗅、味、触觉来感知客观世界，重视做，通过具体的行动来表达和感受。比如精心安排约会、收到对方的礼物等。而直觉型很善于想，重感受，自我色彩浓厚，安全感足够的时候，对方一点的好都会令自己很感动，可是负面的时候，一点不好也会被无限放大。

如果两个人是实感+直觉，实感型的人需要倾听直觉型的想法，尊重和接纳对方的感受，并愿意调整自己爱他的方式，让对方感受到自己的关心。直觉型需要多一些具体的行动，比如为对方做一桌美味佳肴，买一件心爱的小礼物，用实感型最需要的方式让他感受到你的爱。

3. 理智和情感

主要是行为决定的不同：理智型对事不对人，情感型对人不对事。假如两个人是理智和情感的组合，不了解的情况下相处就会比较辛苦。因为理智型的人以解决事情为先，而情感型的人考虑更多的是：我的感受是否被理解和接纳。

如果一个情感型的妻子回家告诉先生，今天遇到了一个挫折和难题，她需要的是理智型的丈夫对她不舒服情绪的理解和接纳，先生只需要抱抱她，跟她说"我知道，我了解，我明白，你辛苦了"，她的情绪会很容易平复下来。

可是因为理智型的人擅长的是理性的分析和思考，看事情以客观分析为依据，所以丈夫常常会认真听完之后，帮妻子去分析事件的来龙去脉，结果妻子却说："你怎么一点都听不懂我说话呢？"

在情感世界中，分析是争吵的导火线，假如理智型的人能够放下自己所擅长的分析去同理对方的感受，就容易让对方感受到你的关怀和支持。当然，对于情感型的人来说，也需要体谅对方不是故意如此，同时学习理智型的理性分析与思考，让彼此的相处更加愉快。

4. 独立和依赖

主要是生活方式的不同：独立型的人比较刚，而依赖型的人则较柔，刚柔并济是很好的组合。独立型的人常常将桌子收拾得干干净净，抽屉很整齐，包包整理有序，每样东西都各得其所才会满意，做事井井有条，凡事有明确的计划。

而依赖型的人喜欢随遇而安，比较随性，口头禅是"有这么严重吗？"常常以找东西为乐，有的时候手机响了半天都找不到，如果你想帮他整理，他会告诉你，不要动，我是乱中有序。这样的一对性格组合，假如事先不了解，在生活中最容易发生冲突。

因此，假如你和另一半是独立和依赖的性格组合，独立型的人需要慢慢学会放松，学习依赖型的随遇而安，而依赖型的人需要让自己更加有规范，两个人的生活就能够越来越接近，成为真正刚柔并济的组合。

我们只有认识、了解了性格差异，才能够从了解到谅解、包容、欣赏和协助，进而让我们的爱在彼此的心中去滋养，同时以无比的耐心去体谅对方的需要，用心经营彼此的关系。

最后，总结一下和谐两性关系的相处之道：多欣赏，少挑剔；多感恩，少责备；多喷香水，少吐苦水。

让我们一起聆听爱的真谛：爱要付出，付出就会杰出；爱要投入，投入就会深入；爱要了解，了解就会谅解；爱是关怀，关怀就会开怀；爱是磨炼，磨炼就会熟练。

二、亲子关系：背后有何秘密

做父母是有有效期的，在孩子 6 岁以前尽可能给孩子高质量陪伴，这是孩子以后分离的心理基础，力量之源。

做父母是有有效期的

或许，大家听说过"狼孩"的故事，可能大家觉得这只是个故事而已。这里我想分享一个"羊孩"的故事，当你看了故事之后，态度可能会改变。十多年前，我曾和一个"羊孩"相处了长达半年的时间，这是一个你可能听起来根本不相信但绝对真实的故事，也是迄今为止让我印象最深刻的案例，没有之一。

2009 年，我刚刚大学毕业，进入一家大型教育机构工作。一次，我接待了一个需要做心理辅导的孩子。大致情况是这样的：孩子马上 6 岁，父母从老家把孩子送到成都上学，但是没有一个学校愿意接收他。

为什么呢？因为这个孩子没有办法跟人正常沟通。

通过和妈妈交流，我了解到事情的原委，孩子老家在山西吕梁，地处太行山区，确切地说是在山沟里，当时那个地方非常穷。

为了生计，父母在孩子出生之后没多久，双双外出打工，一直到孩子

5岁，中间没有回去过。

说到这里，可能有的人无法理解，父母怎么可能5年不回家看孩子呢？因为刚开始出来，工作不是很顺利，甚至连基本的生存都是问题，回家往返的路费更是一笔巨款。

父母在外面非常努力，吃苦耐劳，也很有头脑，再加上一定的运气，5年的时间，他们从工厂的普通工人到开了自己的小作坊，当上了老板，有了比较可观的收入，并在成都安了家。稳定下来之后，夫妻俩第一时间想到把孩子接到成都，接受更好的教育。当妈妈满怀希望地回去看孩子的时候，发现孩子根本不认识她。

因为孩子从记事起就没有见过爸爸妈妈，妈妈觉得特别伤心和愧疚，同时也想着如何最大限度补偿孩子。慢慢地，夫妻俩发现孩子除了对他们陌生之外，根本没办法与人沟通交流，更谈不上入学读书了。

孩子在老家的情况是这样的：他们家住在半山腰，只有一户人家，孩子跟着年过六旬的爷爷奶奶一起生活，爷爷奶奶每天都要早出晚归干农活维持生计，他平时的玩伴就是家里养的几只羊。

这个即将满6岁的孩子词汇量非常有限，只有少得可怜的词，比如：吃饭、睡觉、爷爷、奶奶、玉米、羊……

也就是说，这个孩子缺少基本的语言环境和社会能力的培养，所以他在这方面的能力基本处于缺失状态。更让父母觉得愧疚和心酸的是，孩子身上有一些羊的习性，很喜欢模仿羊的动作，趴在地上玩，甚至学羊的叫声……

因为缺少互动、玩伴和语言沟通，家里的几只羊就是他的朋友和最好的玩伴，他很自然地融入羊群中，慢慢地身上自然有了一些羊的痕迹，成了别人眼中的"羊孩"。

孩子的情况让妈妈非常绝望。因为他无法正常沟通，身边的人就会对这个另类的小朋友比较嫌弃。但是妈妈的信念非常坚定，她觉得绝对不能放弃这个孩子，不管需要付出多少代价，或者不管用什么办法，她一定要让孩子过上正常的生活。

接到这个个案的时候，我刚刚毕业，虽说我是心理学科班出身，但并没有什么经验，对我来说，这的确是一个特别大的挑战。

迄今，我都不知道自己当时哪里来的勇气，让初出茅庐的我接下了这个个案。毕竟，这个孩子已经被多所学校、专业机构和多位资深心理咨询师拒之门外。

那段时间，为了做方案和备课，我每天晚上会花三四个小时去查阅所有可能用得上的资料，咨询了上大学时的每一位心理学老师。一个月大概读了20本相关的书籍，查遍了网上所能找到的资料。白天上课的时候，尝试用各种各样的方法，从孩子有限的认知范围去不断扩展认知边界。

我跟孩子沟通时，需要通过他的世界去做延伸。比如，讲到植物，我要先从他所熟悉的玉米开始说起：颜色、形状，然后一点一点慢慢地延伸。就这样，一个简单的名词概念，要一遍一遍地讲很多次，他才能够理解。

大多数时候，我们没办法在教室和咨询室里上课，因为那个环境对他来说非常陌生。有的时候，我会选择楼下的草坪，或公园的空地，因为这样的环境会更接近他从小生活的环境。

每次上课就是在不断延伸他的认知边界，扩大他的词汇量。这个过程大概持续了3个月，孩子也开始慢慢地能够跟人有简单的沟通和交流，会表达自己的感受，高兴的时候会对你露出笑脸。

有一天，妈妈过来接孩子的时候，孩子跟妈妈说，我今天跟熊老师学了怎么跟别人问好！这个在别人看来也许很不起眼的进步，对我来说却有着巨大的成就感。

那一瞬间，妈妈在接待大厅抱着孩子号啕大哭起来！她觉得努力没有白费，孩子的表现让她看到了一丝希望。整个辅导过程大概持续了半年，孩子基本能够正常沟通交流了。

很多人听起来都觉得难以置信，但这确实是我工作后接手的，在当时看来非常棘手，最终也算是比较成功的一个个案。

孩子的成长具有不可逆性，很多事情，一旦错过，想要弥补和挽回可能非常困难。每个家长都特别爱自己的孩子，也非常重视教育，同时也了解陪伴孩子的重要性。

而在现实生活中，很多家长因为生活的压力，要打拼事业或者其他各种各样的原因，真正陪孩子的时间少之又少。

我们实际的做法和想法其实并不一致，那为什么会这样呢？

归根结底是我们觉得陪孩子这件事情本身没有那么重要！家长们总说自己特别爱孩子，那如何评判我们是真的爱孩子呢？是给他买了很好看的衣服、很多好吃的零食、很酷的玩具？还是很贵的学区房……

我身边有很多家长，觉得陪孩子的时间少，就想办法在物质上尽量满足孩子，优越的物质条件是否可以和爱画等号呢？是否可以代替陪伴呢？相信每个人都有自己的答案！

教育的本质是爱，爱的本质是陪伴。没有陪伴，谈不上教育，更谈不上爱！

陪伴的意义在于，我们有机会观察孩子的个性特点，发现孩子的天赋和优势。陪伴能够让孩子觉得他是很重要的，让孩子觉得他跟你在一起的时光，是非常美好的，通过陪伴我们和孩子之间能够建立很深的情感联结。

很多走进咨询室的父母都说，自己和孩子的亲子关系不好。之所以如此，是因为在孩子最需要陪伴的年龄，父母缺少陪伴。

随着孩子越来越大，父母发现孩子身上存在很多偏差行为，便通过管教和强压的方式来逼迫孩子，自然会遭致孩子强烈的反叛。

亲子关系是一切教育的基础和前提。当亲子关系好的时候，教育就是水到渠成的事情，反之，每次沟通就是点燃一个火药桶。

这就好比手机和电源之间需要通过充电线连接，如果插座接口很稳固，充电线的容量很大，充电的速度就会非常快；反之，可能就充得很慢；如果这个插头是松动的，有可能充了一天，手机依然没电。

陪伴的过程就是建立良好亲子关系的过程，亲子关系的好坏将直接决定教育的成效。父母的陪伴对孩子来说到底有多重要？至少有三个方面的作用。

第一，陪伴可以丰满孩子的人生。那些爱玩手机、沉迷游戏的孩子，大多是缺少父母陪伴的，他们在现实生活中找不到存在感，心灵空虚，只好通过游戏和网络来满足内心的需求。

如果父母一开始就重视陪伴，带领孩子去体验生活中的丰富多彩，比如阅读、运动、郊游、音乐、舞蹈，并从中得到乐趣，孩子就不会把过多的注意力放在电子产品上。

第二，陪伴能够增进感情。不少孩子在进入青春期以后，出现叛逆现象，甚至还会对抗父母，究其原因，是家长的话对孩子没有影响力。为什么会没有影响力呢？因为缺乏链接，缺乏链接的原因是没有陪伴。

如果父母能经常陪伴孩子，就容易赢得孩子的信任，促进亲子之间的感情交流，遇到问题时，孩子会更愿意听从父母的教育，接受父母的建议。

第三，陪伴让孩子收获安全感。有些孩子进入小学后，表现出胆小孤僻、内向自卑的性格，遇到点事情就退缩甚至逃避。为什么会这样呢？这是因为孩子的内心缺乏安全感，从来没有自信。

该如何改变呢？还是需要父母多花时间陪伴孩子，让孩子感觉到自己是被爱着的，是父母在乎的人，从而体会到安全感、归属感和价值感，性格也会变得更加自信阳光、乐观积极，人际关系会更好，抗挫折能力也更强。

第三节　如何培育适合孩子成长的环境

教育的本质是因材施教，我们在前面讲到过"材"包括了生理、智能、气质的材，而更重要的是情境的影响因素。古代孟母三迁的故事，以及谚语中的"近朱者赤，近墨者黑"，充分说明了情境对一个人的影响。

那么，要怎么样才能真正教养出行为合宜又聪明过人的孩子呢？让我们从教育的"三境"着手，观念环境、实体环境、心灵环境，更系统化地了解教育的真谛。

若以一棵树来比喻,树根代表观念环境,树干代表实体环境,树叶则代表心灵环境,唯有正确的观念环境,才能活化实体环境,最终滋养孩子的心灵环境。这就是教育的本质。

父母的观念决定孩子的幸福和高度

下面我们具体来说一说。

首先,观念环境——父母的责任。是不是每一个父母都能成为养儿育女的专家,这个就源于观念,一个人观念对了,他就能正确解读信息。如果观念不对,吸收进来的好信息,一讲出去就不对了,导致学得越用心,错得越离谱。

其次,实体环境——学习情境。随着孩子年龄成长,父母应该给予适合该年龄层应该有的学习环境,让孩子可以自由探索,满足他学习的动机,使其持续地保有一份愿意学习的能力。

最后,心灵环境——心理基本需求。我们怎么样才能够保持持续的动能?来自于是否了解每一个人内心的需求:是否能让他感受到爱与被爱,是否能满足他的好奇心、价值感和成就感。

一、对的观念环境

所谓观念环境，指的是一个人的思想、信念、价值观（价值观是父母留给孩子最重要的资产），也就是说父母及师长是否有正确的教养观念陪伴孩子走过每一个成长阶段。父母的观念，决定了孩子的高度和幸福。

1. 赚钱或养育孩子，哪个更重要

很多父母都说，自己要上班工作赚钱，实在没有心力来管孩子。那么，赚钱和养育孩子，哪个更重要呢？估计不同的人，答案不一样。

我曾经遇到过一个向我求助的妈妈。她的孩子初一上学期成绩开始下滑，沉迷手机，不愿意去上学，在家不是睡觉就是打游戏，只要不给他玩，他就在家里闹，拿头撞墙，甚至扬言要离家出走。后来去医院心理科检查，诊断出中度焦虑、中度抑郁。

这位妈妈在咨询室哭诉：自己十多岁从农村出来，从最底层的餐厅服务员做起，这些年辛苦打拼，努力学习，终于有了自己的事业，就是希望给孩子提供更好的条件。

我的孩子怎么会变成现在这个样子？

因为之前工作忙，孩子很小就被寄养在老家，总觉得对孩子有亏欠。所以孩子小时候基本是要什么就买什么，没想到这几年挣到了钱，可儿子找不回来了。

在咨询室和讲座现场，有太多这样的父母。在孩子小的时候，说要打拼事业，这样孩子的将来有一份保障。因为他们的观念里，有钱了可以让孩子读更好的学校。可是，却错过了在孩子性格及行为习惯养成的关键时期对孩子的教育。如今的后悔和眼泪都无法弥补当初的教养缺失之痛。孩子坏的习惯入骨之后，如同病入膏肓，难以医治。

每个父母当年都拥有过陪伴和引导孩子的机会，只是有的父母站在孩子的身边同行，用自己的眼界、态度、胸襟影响着孩子的选择和发展。而有的父母却错过了或正在错过。

今天回过头来看，我特别庆幸自己当年没有成为留守儿童，我爸妈应该是那个时候同一辈人中少有没有出去打工的人。是不缺钱吗，不是！我们家的经济压力可能比其他很多家庭更大，我和我哥年龄只差两岁，同时读初中，同时读高中，同时上大学，这对一个农村家庭来说经济压力是非常大的。

从小到大，父母都没有选择外出打工，而是在家一边干农活，一边搞养殖，农闲的时候到附近工地上做小工，这比起外出打工辛苦得多。我想，父亲当年可能不会想到"陪伴孩子比挣钱重要"这个道理，但在他朴素的认知里，有父母在身边的孩子和常年见不到父母的孩子，一定是大不相同的。

"陪孩子和赚钱哪个更重要？"这是网上的一个热门话题，我记得有个视频播放量比较高，主播的大致观点是：一定是赚钱更重要，因为不赚钱就活不下去，你不陪孩子，孩子也会长大。

我想这也代表了很多人的想法，我们不去评论对错，每一个人有自己的选择。当然，我们选择了之后，就要为此承担责任，假如你选择了陪伴孩子，可能会错失重要的升迁机会，工作可能更加辛苦。如果你选择了追求财富或者成就事业，有可能会错过孩子的黄金陪伴期。

因此，这个问题没有对错，只有选择。

2. 身教大于言传

每个父母都希望孩子爱上学习，好好读书。关于这一点，我特别佩服我父亲，从小到大，他从来没说过类似这样的话，但从他身上却能感受到知识的力量。

父亲打心底里重视教育，相信知识的力量，尊敬有学问的人。在他看来，多读书是一个人长见识、学本事最好的方式。他小时候读书很用功，成绩也比较好，因为是家中的长子，读完高中之后就辍学回家务农，即便如此，他也从来没有放松过学习。

比如他看过的报纸，上面有一些好故事，他就会讲给我们听，而且会把这份报纸保存下来。记得我和他一起放牛的时候，他会让我猜字谜：牛从桥上过，打一个字。答出来之后，我就会觉得特别有成就感，就很喜欢学新的汉字。

在河边捉螃蟹时，他会背诵《劝学》里面的名言：蚓无爪牙之利，筋骨之强，上食埃土，下饮黄泉，用心一也。蟹六跪而二螯，非蛇鳝之穴无可寄托者，用心躁也。

这段话翻译过来就是：蚯蚓没有锋利的爪牙，坚强的筋骨，却能上吃泥土，下饮地下水，这是用心专一的缘故；螃蟹有六只脚，两只蟹钳，可是没有蛇和鳝鱼的洞就没有地方可以寄托身体，这是用心浮躁不专一的缘故。告诫我不要心浮气躁，做什么事都要专一。

他的床头柜里整齐地摆放着《科学种田》《果树嫁接》《家禽养殖》等书籍，父亲经常会翻开查看，认真做标记，看完后又会整齐地放回去。不管是种植还是养殖的收益都非常好，农作物种植的产量远高于平均水平，牲畜的存活率很高，发病率很少，家禽的产蛋率也很高。

父亲这些融入日常生活中的举动给我植入了一种观念：知识是有趣味的，科学是有力量的，读书是有用的。这也成为我后来认真学习的动力。

3. 价值观是父母留给孩子最重要的资产

我们只有在成为父母的那一刻，才能真正读懂父母。儿子出生以后，我明显感觉自己的心和父亲的心离得越来越近，话也变得越来越多。奥巴马说：当父亲是每一个成年男子最重要的工作之一，他的重要性丝毫不亚于当总统。父亲留给孩子最重要的礼物就是价值观，父亲的三句话对我的影响非常大！

第一句：不要以为自己是聪明人，也不要把别人当傻子。后来我才知道，这叫不自欺，也不欺人。

第二句：卤水点豆腐，一物降一物。后来我知道，这叫万物相生相克。

第三句：力气用完了，明天就会自己长出来，所以不要偷懒。后来我终于知道，这叫天道酬勤。

这三句话成为我的人生信条和一以贯之的处事法则。因此，对孩子来说，有一对观念正确的父母，便是最大的福气了。

二、活化实体环境

实体环境是指教材、教具及教学方法，父母和老师是否能随着儿童各阶段的发展现况，提供一个多元适性的教学情境，充分启发孩子的内在潜能。

1. 家庭环境

家庭教育在所有的教育环境里占据着最主要的地位。一方面，是因为孩子在家庭里生活的时间最长，会受到家庭成员之间关系的很大影响；另一方面，是因为孩子小时候能力弱，事事都要依靠父母家人，因此家庭成员的能力直接影响着孩子能力的强弱。

可以说，原生家庭的影响会伴随孩子一生，父母家人待人接物的方式都会潜移默化地影响到孩子。

2. 学校环境

学校的选择其实本质上是家长价值选择的折射，同时也是其提前规划和准备能力的体现。我的看法是，并不是孩子读的学校越出名就越好，而是要与孩子的发展相匹配。

比如，我儿子性格超级活泼，喜欢运动，所以我们在选择幼儿园的时候希望环境是宽松自由的，让孩子没有太多的约束和限制。还有很重要的一点是学校重视体能课程，运动场足够大。

3. 社会环境

社会环境是指离开学校环境和家庭环境之外的所有环境。社会环境对孩子的影响并不是从孩子独立步入社会才开始的，而是从孩子出生，就会产生潜移默化的影响。在我看来，社会教育本质上是家庭教育在家庭环境之外的延伸。

如何给孩子创造良好的社会环境，分享一下我平时的做法。

（1）尽量少带孩子去游乐场。这种喧闹的环境对孩子的感觉刺激很大，而且很多项目是既不需要动脑也不需要动手的，只需要坐在上面就万事大吉了。

（2）多带孩子去自然环境中参与户外活动，让孩子自己观察、动手，激发他们的探索欲和好奇心。

（3）带孩子出门的时候，要培养孩子的人际互动和社会适应能力。比如，我们带儿子去餐厅吃饭的时候，会让他自己跟服务员说："阿姨，请帮忙，我需要一份儿童餐具。"对于别人的服务或帮助，要习惯说"谢谢"。如果今天的饭菜是他喜欢的，结账的时候，他会跟老板说："你们家的菜可真好吃呀！"

（4）家长可以多带小学阶段的孩子去图书馆、科技馆和博物馆。这样做，可以让孩子增长见识，激发好奇心，培养科学精神。对于中学阶段的孩子，家长鼓励孩子参加游学营、参观百年名校，让孩子在观世界中塑造自己的世界观。

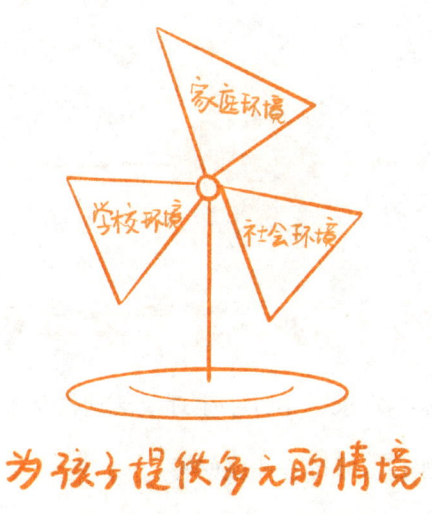

为孩子提供多元的情境

好的实体环境，是在家庭中营造温和有爱的氛围，充满欢声笑语；是给孩子选择一所适合他个人发展和兴趣培养的学校；是父母和孩子一起成长，为孩子创设良好的实体环境。我相信，你的孩子即使不成为精英，也能成为令你骄傲的人。

三、滋养心灵环境

心灵环境是指父母和老师在情境变化过程中，是否能随时掌握孩子的情绪状况，满足孩子的心理基本需求，让孩子产生安全感与自信心，进而培养孩子具有适应各种情境，解决各种问题的核心竞争力。

家对于孩子而言，就好比树木之于大地，小鱼之于河水，土壤肥沃，树木才能茁壮成长，枝繁叶茂。河水清澈，才有鱼儿成群，欢快畅游。好的家庭环境会给孩子提供充足的心理营养，就像植物需要营养才能长得茁壮一样，小孩子在成长过程中，也是需要有心理营养，才能更好地成长。

孩子的心灵需要滋养

一个人的身心基本需求，不外乎生理及活动的基本需求，被爱与被关怀，有归属感、自尊心、好奇心和成就感。

遗憾的是，在现实生活中，很多孩子却无法得到适合的心灵环境。

关于心灵环境不同维度的需求，以下有一些常见的问题和解决的推荐方案，这里分享给大家，供家长们参考。

1. 生理及活动的基本需求

（1）运动或活动方面觉得不足。

解决推荐方案：每天给孩子安排适度的运动或体能活动，让孩子处于身心平衡的状态，将有助于学习成效。

（2）经常在睡觉中做可怕的梦。

解决推荐方案：做梦是反映日常生活中的紧张状态，正所谓"日有所思，夜有所梦"。推荐睡前多想些快乐的事情，心情平静，自然就能有好的睡眠质量。

（3）觉得很容易疲倦。

解决推荐方案：先了解疲倦的原因，是否因情境改变所导致。如睡眠不足、营养不均衡或压力过大等，如调整作息后，仍有这样的现象产生，则需要求助专业医生检查。

2. 被爱及被关怀的基本需求

（1）与父母的亲情依附关系的稳定性有待加强，所以引导社会化过程的力量不够强。

解决推荐方案：父母对孩子的爱与关怀多以实质的表达方式呈现，多陪伴孩子或共同从事喜欢的活动，以拉近彼此的距离。同时，父母应记住曾答应孩子心中很在意的事情，让孩子感觉得到父母对自己的重视。

（2）觉得被爱及被关怀方面的基本需求有欠佳的现象，所以需要得到更多。

解决推荐方案：父母可以通过客观的评量工具，了解孩子的特质及情绪现况，再给予孩子适时的协助。父母在表达关怀时，最需要注意的是态度、表情及沟通的技巧；"父母的眼神是孩子最好的舞台"，让孩子通过父母的行为体会到父母的爱与关怀，同时心理基本需求得到满足，让孩子成为独立自主的个体。

（3）经常或总是觉得不快乐。

解决推荐方案：家长应在心平气和的情绪及气氛下，与孩子讨论心情或情绪能放轻松的方法，交流中一定要专心听孩子说，千万不要把自己的意见强加在孩子身上，以免破坏和谐或节外生枝。

（4）有烦恼的事情时，不敢告诉父母或与他人讨论。

解决推荐方案：父母需主动地与孩子亲近，并心平气和地与孩子讨论，在互动过程中，要以专注的眼神，专心听孩子说话，不要先否决孩子的想法。若孩子的想法有偏差，则可以用举例的方式，让孩子自己思考解决之道，这样不仅可以了解孩子的想法，还可以促进良性的亲子关系。

（5）父母喜欢挑孩子的毛病让孩子觉得厌烦。

解决推荐方案：父母的关怀以及回应孩子的方式需要做调整，更重要的是多听孩子说话，而且要相信孩子能自己做到，放手让孩子自己做主，一味地叮咛容易产生逆反心理。

3. 归属感的基本需求

（1）经常或总是讨厌学校或去学习的其他情境。

解决推荐方案：孩子对情境的抗拒，大多源于对该情境的不认同或不被认同。因此，父母及老师需进一步了解孩子抗拒的原因并加以辅导，让孩子找到学习的方向和目标，协助孩子创建自信，培养孩子适应情境的能力。

（2）比较喜欢单独活动，不愿意和他人交流互动。

解决推荐方案：父母及老师可以先了解孩子的性格特质，通常内向型的孩子比较喜欢一个人安静独处，这是个性使然，千万不要因此而责怪孩子，而要循序渐进地引导孩子，先与家人创建稳固的亲情依附关系，再扩展到朋友。

（3）父母不欢迎我的同学或朋友到我家里来，或同学们不喜欢也不愿意到我的家里来做功课，或进行其他活动。

解决推荐方案：孩子的自信心大多来自同学的肯定与认同，父母在方便的情况下，可以适时地邀请同学到家里一起做功课，并趁此机会了解孩子的交友状况，协助孩子创建真诚的友谊。

4. 自尊心的基本需求

（1）觉得自己没有足够的自尊，自己瞧不起自己。

解决推荐方案：自尊与自信是孩子学习的原动力，当孩子自我概念较弱时，很容易将这样的心情投射到外部世界，认为身边的人都看不起自己。父母及师长可以引导孩子看到自己的优势，并适时地给予肯定与鼓励，协助孩子增强自我肯定，重新创建自信。

（2）父母经常或总是对孩子的学习成绩不满意。

解决推荐方案：父母或老师需改变智育挂帅的观念，多肯定孩子学业成绩以外的表现，让孩子找到自我价值感，活出生命的光彩。

（3）学习成绩表现不能令自己满意。

解决推荐方案：学习成绩的表现除了努力程度外，更重要的是能否找到正确的学习方法，若能从自己最拿手的科目入手，提升自己的信心，再将学习的方法复制到较弱的科目，则可收到事半功倍之效。

（4）对于黑暗的情境，不由自主地会觉得害怕。

解决推荐方案：孩子对黑暗情境的感受，很多时候是受到过往经验的影响，父母需先倾听孩子的内心，协助孩子厘清情境的不同，千万不可说孩子胆小，或劝孩子不要害怕之类的话，当孩子愿意尝试去突破心理障碍时，父母应给予肯定，赞扬孩子勇于面对的行为。

5. 好奇心的基本需求

（1）不容易也不太会对某些特定的事物产生好奇心。

解决推荐方案：好奇心是孩子想学习的开始，成就感则是自动自发学习的原动力，父母及老师需肯定孩子对事物的好奇，问话方式可采用"这样呀！然后呢？"将孩子好奇的事物做扩展，拟订学习计划，让孩子在被认同的情境中，培养自动自发学习的好习惯。

（2）对于自己有兴趣的事物或学科不会有想要自动自发去学习的动机或行为表现。

解决推荐方案：成就感是自动自发学习的原动力，父母让孩子在情境中有被认同的感觉，自然就能培养出自动自发学习的好习惯。

（3）父母亲或老师对于孩子产生好奇或想去学习创造的事物，通常不会给予协助。

解决推荐方案：对于孩子的好奇心，父母及老师需及时肯定并给予协助，增强孩子的信心。可以通过游戏、休闲、观摩、脑力激荡等方式，营造有创新或变革的情境，鼓励孩子勇于挑战，就算做得不好，也应予以支持，少挑刺。

6. 成就感的基本需求

（1）父母亲或老师不会或不经常在孩子的成绩表现上肯定孩子的努力及表现。

解决推荐方案：成就感是自动自发学习的原动力，父母及老师在孩子表现良好的状况下，需要及时地给予鼓励及肯定，并引导孩子自我激励，提升孩子的自信与自我价值感，培养其自动自发学习的好习惯。

（2）觉得自己不具有领导他人的能力。

解决推荐方案：孩子领导能力的来源，多半来自同学的认同，父母及老师可以协助孩子发掘自身的优势，从提升孩子的自信着手，进而培养孩子的沟通表达能力，促进孩子之间的良性交流互动。

（3）不会自我鞭策往自我预定的目标依进度进行。

解决推荐方案：父母及老师可以与孩子共同拟订具体可行的目标，只要孩子做到，需及时地给予肯定与鼓励，引发成就动机，循序渐进地培养自动自发的习惯。

如同一颗种子的成长需要阳光、空气、水，人的成长也需要补充生理和心理营养，满足基本的身心需求。如果身心基本需求得不到满足，就会身体疲劳，情绪不稳定，缺乏安全感，人际关系出现障碍，行为过激，容易伤害他人或者自己！

第五章
善沟通：做孩子的人生赋能师

很多父母总喜欢以命令的语气和孩子交流，觉得孩子必须听自己的，殊不知，孩子也有自己的思想。即便你认为孩子的思维比较幼稚，也最好是尊重，并且是以一颗善良的心去沟通，好好说话，做孩子的人生赋能师。

第一节　孩子的世界是父母口中的世界

一、因为有爱，每句话都要好好说

没有一个父母不爱自己的孩子，但有很多孩子感受不到父母的爱。

我们习惯地把孩子当成自己的私有财产，习惯让孩子依附于我们而存在，习惯打着"为你好"的旗号，理所应当地要求孩子凡事应该"听我的"。

我们给予了孩子无限的厚望与期待，倾其所有地付出和投入，并期待这种投入是值得的：孩子可以学习好，比赛获奖，考入名校。如果孩子没有达到，我们就会把失望、伤心，甚至是愤怒的情绪传递给孩子。

我们常常不是"出口成章"就是"出口成脏"，每一句话都像是一颗扎进孩子内心的钉子，孩子被扎得千疮百孔。

爱不是"我这是为你好"的主观，不是"听我的，保准没错！"的专横。爱是"己所不欲，勿施于人"的同理心，是"舍不得让你受伤"的善良。

善沟通的"善"指的是善良，而非善于。关于沟通，我们缺的从来不是技巧，而是不忍伤害孩子的善良。现实生活中，父母可以为了孩子牺牲一切，包括生命，却很难做到对孩子好好说话。

因为爱是真的，所以伤害也是真的！因为有爱，所以每句话都要好好说。

二、父母的语言对孩子的影响有多大

你相信吗？孩子的世界是父母口中的世界。神经科学专家告诉我们，最好的教育是免费的，它就存在于父母的每一个词，每一句话，每一个眼神，每一次交谈和每一份互动中。

真正让孩子赢在起跑线上的，是父母的语言，我们的每一句话都在鼓舞孩子奔向未来！

试想，如果你是孩子，当你不断地听到"你错了""你真差劲""你永远都成不了事""你怎么这么笨""你什么都学不会"这样的话时，你会有什么样的想法、感受和决定？每个人听到这样的话，其想法、感受和决定都不一样，这就形成了每个人的私人逻辑。

必须强调的是，父母的语言，对孩子的人格、性格和私人逻辑的形成会产生非常深远的影响。孩子会带着这样的眼光和私人逻辑，去看待自己、他人、社会和世界。

小时候形成的私人逻辑，会影响孩子做的每一个决定，而这些决定将会改变孩子的每一次行为。甚至可以说，父母的语言就像是一把美工刀，每一句话都在雕刻着孩子未来的模样。

病毒语言

由此可见，家庭语言环境对孩子的语言学习、私人逻辑、人格发展和性格养成是多么重要。

三、其实我们可以好好说话

1. 最有效的沟通是给孩子积极的关注

我们常说：家长是孩子最好的啦啦队队长。那么，如何给孩子积极的关注呢？

当孩子出现"坏"习惯的时候，他们需要的是理解和帮助，潜意识里渴望被爱，被关怀，得到满足后，孩子的情绪就会平稳，学习效率就会提高,所以情绪力是学习力的基础。有学习就有能力,有能力就有自信,自信也是幸福的基础,幸福是每个人的追求。

那些缺乏自信心和安全感的孩子表示:父母未能在我发出需求消息时即刻予以响应。

对此,父母应该怎么做呢?家长必须敏锐地察觉孩子发出的需求消息,并立即响应,才能有效地创建良性亲情依附关系。父母在表达关怀时,最需要注意的是态度、表情及沟通的技巧。应时刻记住:"自己的眼神是孩子最好的舞台",让孩子通过父母对他们的行为,体会父母对他们的爱与关怀,让父母成为孩子的最佳伙伴。

2. 与孩子建立情感联结

在孩子的成长过程中,父母扮演着不同的角色。婴幼儿时期,我们是孩子的保姆,需要照顾孩子的生活;儿童时期,我们是孩子的指导训练师,教授孩子各种生活技能,培养良好的行为习惯;孩子进入青春期后,我们要扮演孩子教练和导师的角色,帮助孩子树立正确的价值观,引导孩子认识到更好的自己。

作为父母,我们终其一生都要扮演的角色是做孩子的人生赋能师,给予他挑战困难的勇气和向上成长的力量!

当婴儿还在母体中的时候,妈妈用一根脐带连接着孩子,通过脐带给孩子输送所有生长发育需要的养分。孩子出生之后,我们和孩子的联结不再像之前那样紧密。

父母慢慢忘记了自己最重要的事情,即源源不断地给予孩子向上成长的力量。我说几个场景大家可能会非常熟悉:孩子在外面跟别人打架,很多父母的做法是不管什么原因，先把孩子批评一番再说；如果孩子在学校被老师批评了，家长知道后还会帮着老师把孩子再骂一顿。

父母的眼神是孩子最好的舞台

类似这样的情况，在我过去的咨询案例中比比皆是。我们会发现，当孩子在给我们讲这个事情的时候，其实是他最需要力量的时候。当他在最需要力量的时候，向他最信任的人寻求帮助时，我们不仅没有给孩子力量，反而带来了再一次的打击和伤害。

慢慢地，孩子就开始变得不再信任父母，更严重的是，他们会变得不喜欢自己，因为他们会觉得自己不够好。

第二节　亲子沟通到底有哪些秘密

我想问大家一个问题：孩子真的理解父母的爱吗？

父母对孩子的爱，不是以父母付出的多少来衡量的，而是以孩子的感受来衡量的。每个孩子都是带着爱而来，孩子的本性是合作而不是对抗。如果孩子不合作，一定是我们的沟通不到位。

在开始本节内容之前,我们先来认识两个核心问题:亲子关系的核心是关系,且大于教育;亲子沟通的核心是接纳情绪,且优于解决问题。

亲子关系大于教育

一、亲子沟通的公式

常常有家长向我咨询关于"亲子沟通"的问题,我会问家长两个问题:

第一,你和孩子的关系怎么样?如果满分是 10 分,你会给自己打几分?

为什么会是这个分数?很多时候,家长会艰难地给出一个分数(见表5–1)。

表5–1 亲子关系评分表

亲子关系评分表(满分10分)		
家长称谓	分数 (说出三条依据)	分析丢分原因(三条)
爸爸	01. 02. 03.	01. 02. 03.
妈妈	01. 02. 03.	01. 02. 03.

第二，如果我问孩子，你和妈妈（爸爸）的关系怎么样？如果满分是10分，你觉得分数应该是多少？

第一个问题是一个看上去非常简单的问题，家长却需要花比较长的时间来完成，甚至有的家长迟迟不敢动笔，为什么呢？其实，家长不是不知道答案，而是不愿意面对自己，或者有很强的挫败感。

接下来，我又继续问家长，你自己的评分和孩子对你的评分，你觉得哪一个更真实？很多家长会说不知道！

这个简单的测试，我在家庭教育讲座现场和咨询室做过上千次。通常情况下，孩子的评分会更真实。

针对不同年龄阶段孩子给父母的评分，我做了初步统计，打分如下：

学龄前孩子：9分以上

小学阶段：7~9分

初中阶段：5~7分

高中阶段：3~5分

这个结果仅限于我面对面接触过的家长，不具有权威性，但有一定的参考性，也希望带给大家一些启发。

随着孩子年龄的增长，知识和见识的增加，孩子对父母的崇拜感和依赖感在减少；孩子与父母之间互动的方式也会发生变化，这就需要父母不断成长，接收新知识，跟上孩子的脚步，能够和孩子同频。而很多父母依旧用固有的思维和观念来教育孩子，很容易让孩子反感。

孩子进入小学后，开始面临学习和升学的压力，父母对孩子的关注点也发生了很大的变化，从关注"孩子本身"到关注"外在结果"。逐渐把分数、成绩排在第一位，孩子会觉得父母对分数的重视超过了对自己的重视。就像有的孩子说:"我妈喜欢的不是我,而是那个考全校第一的我。"

想和孩子建立良好的亲子关系,父母要根据孩子成长的不同阶段重塑自己的角色,同时,父母的关注点要重新回到孩子本人身上。

做完上面的评分表,我会给家长留一个作业,想一想接下来的一周,自己做什么可以让亲子关系的分数提升1分,写下来,并且回去执行。如果照做了,下周可以继续咨询,如果没做,下周就不用来了。

我为什么要这样做?

因为如果家长不认识到自己的问题,并且不愿意付出行动改善亲子关系,所有的方法都是徒劳的。

在过往上千例的沟通案例中,我总结出一个公式:

亲子沟通的效果=亲子关系×情绪价值×语言价值

我们常说:关系是一切教育的基础,有关系就没关系,没关系就有关系。什么意思呢?

如果孩子充分信任父母,父母和孩子之间建立了良好的情感联结,父母说的话,孩子就很容易吸收,并且接受。反之,父母说得再多,孩子可能是左耳进右耳出,甚至会出言顶撞父母。这就可以解释为什么很多家长学了很多方法,可是用在孩子身上完全不奏效。

这里分享一个亲子关系评分表的使用案例。

一位爸爸在讲座现场向我求助:"熊老师,我有两个女儿,大女儿8岁,小女儿4岁,现在遇到一个问题,大女儿喜欢跟我顶嘴,没事还喜欢挑我的毛病,小的现在也跟着姐姐学,这个是什么原因呢?我该怎么做?"

对于来参加家庭教育讲座的爸爸,我会格外热情。一方面,爸爸对孩子的教育有特别大的影响；另一方面，能够主动参与到孩子教育中，说明这是一个有责任感、爱家庭的男人。

我先邀请爸爸和女儿做了上面的评分表，做完之后，看着女儿的评分结果，我开始和孩子沟通。

我："我看到你给爸爸打的是7分，这个分数还是很厉害的，是因为爸爸做了哪些事情，可以得到7分呢？"

月月："爸爸对妈妈、妹妹和我都很好！"

我："具体哪里做得很好，能不能告诉我？"

月月："爸爸每周送我来上课，给我和妹妹买喜欢的玩具，还会帮妈妈做家务，他做的饭也很好吃！"

我："哇，你有一个这么优秀的爸爸！老师也为你感到高兴。"

月月："他还是不错的！"月月看向一旁的爸爸，看得出来爸爸也很高兴。

我："爸爸刚才请教老师，他想知道如何做一个更好的爸爸。看到自己有3分没有得到，他想知道怎么做才能得到这3分？"

月月："爸爸喜欢喝酒，朋友经常约他晚上出去喝酒，回来得很晚。我和妈妈都很担心他，而且医生说喝酒对身体不好。妈妈说了他很多次，可是他一点儿也不听话。"

这时候，我能感觉到爸爸眼睛里泛着泪光。

我："你是希望爸爸能爱护自己的身体，希望他能早点回家，是这样吗？"

月月："没错！每次朋友一打电话，他就跑出去了。"

我把目光转向月月爸爸,问:"是这样吗?"

月月爸爸尴尬地笑着说:"最近朋友聚会的次数有点多!"

我:"你比较喜欢喝酒吗?"

月月爸:"是有这点爱好。"

我:"出去喝酒的频率有多高?一周大概几次?"

月月爸:"差不多三四次吧。"

我:"你觉得这个频率能不能控制一下?"

月月爸:"其实可以。"

我:"一周几次合适呢?"

月月爸:"其实不去也行。"

我:"这样太难为你了。我有个提议,你参考一下,一周保留一次和朋友聚会的机会,提前和家人说好。在家吃晚饭可以喝酒,但控制一下量。"

月月爸:"这个建议好!"

我:"如果爸爸能做到,月月可不可以多给爸爸打1分,从7分变成8分?"

月月:"当然可以啦!我可以给他打10分!"

我:"那真是太好了!相信爸爸一定可以做到的。"

接下来,让女儿和爸爸拉钩守约定,父女两人拉着手高兴地离开了。一个月后,在公司楼下见到这对父女,我问月月:"爸爸最近表现怎么样?"月月像个小大人似的回答道:"表现很不错!"爸爸在一旁高兴地笑起来。

还有一种情况,想必很多家长深有体会。

比如，有家长问我："熊老师，我的孩子，特别不听我的话，但是他们老师说什么他都听，为什么会这样？"在一些家长看来，是因为老师这个身份有某种权威的象征。其实，我倒是觉得，孩子更多是出于对老师的尊敬和信任感。由此可见，良好的信任关系是有效沟通的前提。

二、情绪价值

1. 认识 55387 定律

55387 定律是由美国的心理学家和传播学家艾伯特·梅拉比安提出的。即当你跟一个人说话时，对方能感知到的是：55% 的形象和态度，包括动作、表情等；38% 的眼神、语气、语调、肢体语言等；7% 的具体内容。

当我们和孩子沟通的时候，如果前面的 55% 和 38% 没有做到，仅仅为了输出 7% 的内容，那么这一定是一个失败的沟通。

因为孩子一旦感受到你的肢体语言中表现出来的否定，还有生气的神态和不耐烦的语气。这个时候，孩子就会马上开始跟你对抗。这也能够很好地解释，孩子为什么不愿意听父母说话。

虽然，7% 的内容父母已经说出来了，但是孩子的接收通道处于关闭的状态，内容就没有有效地传递给孩子。

这里，我把除 7% 内容以外的部分称为"情绪价值"，因此，我们在沟通的时候，要能够和孩子共情，即通情才能达理。

如果我们自己有情绪，或者说我们的孩子情绪非常低落，我们和他之间没有办法做到真正的情绪联结，那所有的沟通都起不到任何的价值。

所以，先确保我们自己的情绪平和，而不是带着怒气和怨气。接下来要去跟孩子建立链接，能够读懂孩子行为背后的心理需求，能够理解孩子的感受，孩子才愿意听我们讲话。

心平气和，凡事都能解决

2. 家长如何保持自己情绪的平和

为什么出现亲子冲突时，父母总是喜欢指责孩子，甚至对孩子发火？因为父母觉得这是孩子的问题。

或许，我们需要重新界定一下，冲突发生时到底是谁有问题。

怎么界定呢？心理学上有这样一句话：谁着急就是谁的事情！

谁的内在需求没有得到满足，谁有不舒服的感觉，谁有情绪、有困扰，说明谁有问题。

如果在跟孩子沟通的过程中，你有了不舒服的感觉，有了情绪。说明是你的问题。而你的问题可能是孩子的行为引起的，也可能不是孩子的行为引起的。父母只有意识到这一点，才能把关注的焦点从孩子身上转移到自己身上，才能放下对孩子的批评和指责，专注于解决问题。

当情绪不好时，如何才能让自己平复下来？

（1）当你工作时，孩子的打扰让你觉得烦躁。

当孩子说："妈妈我想让你陪我玩儿"。这时候，无论你手上的事情有多忙，你可以先暂停，看着孩子的眼睛告诉他：妈妈现在手上有非常重要的工作，你先去玩一下玩具，30分钟后，妈妈忙完工作过来陪你玩。

其中有四个要点：一是不用立即满足孩子，但要及时回应孩子的需求；二是跟孩子做好时间约定，预计需要等多久，你一定要遵守约定；三是如果到了时间，你的工作没有完成，你可以走到孩子身边告诉他："谢谢你尊重妈妈，我们约定的时间到了，现在我们可以一起玩了！我可以陪你玩10分钟，当10分钟到了的时候，妈妈还要继续工作，好吗？"

让孩子知道妈妈是爱他的，是遵守约定的，同时也让孩子学会尊重妈妈，当妈妈需要做事情的时候，他可以独立玩耍；四是如果在这30分钟内，孩子再次过来请求你陪他玩，你可以根据孩子的专注力给孩子拿一个沙漏，耐心地告诉他，沙漏漏完的时候妈妈就过来了，不要对孩子表现得不耐烦。

（2）因为工作压力大找不到出口时。

成年人的生活没有容易二字，可能在某一个阶段，我们的工作压力非常大，或者项目进入攻关阶段，或者因为面临检查或考核，都会导致我们焦虑或烦躁。

这时候，提前告诉孩子，爸爸或妈妈最近在工作上遇到了一些困难，需要孩子的帮助。你可以坚定地告诉孩子："妈妈最近下班可能会有点晚，可能有一些工作要在家里完成，希望你能尊重和理解妈妈。"

甚至你可以让孩子给你出出主意，永远不要小看孩子，说不定他们的想法能带给你惊喜。同时我们也可以告诉自己的另一半，自己当下的困难和担忧，希望得到对方的支持和帮助。

如果我们能够心平气和，那么凡事都能够解决。如果我们情绪失控，"不是问题"可能也就变成了"大问题"。所以我们要在养孩子的同时，学习如何修炼我们自己，让自己变得越来越平和，和孩子一起学会"好好说话"。

三、语言价值

在和孩子沟通的过程中，家长不要动不动就把"我这么做还不都是为了你好！""你这孩子怎么一点都不懂事呢？"这些伤人的话挂在嘴边。我深深理解家长们的出发点是好的，因为没有一个家长想把孩子搞砸，只是没有找到更好的沟通方式而已。

语言有力量 开口需谨慎

生活中你是否遇到过这样的挑战？你是如何跟孩子沟通的？效果怎么样呢？

情景描述：

晚上九点钟，到了洗漱睡觉的时间，你的孩子还在客厅兴奋地拍球，声音很大，这时候你会怎么说？

无效的做法：

（1）命令：别拍了或把球放下，赶紧洗漱睡觉去！

（2）威胁：再不放下，小心我收拾你！

（3）说教：你拍球那么大声，这样会吵到大家睡觉的。

（4）批评：你这孩子真不懂事！没听到我说话吗？

（5）辱骂：你怎么这么惹人厌烦！没有脑子啊！

（6）教训：你知不知道这样做是很不礼貌的？

无效沟通常以"你信息"开始，什么是"你信息"的沟通模式呢？

形式上，以"你"字开头或含有"你"字；

含义上，以"你"为导向，矛头指向孩子。

例如：

你不应该那样做。

你这孩子真不懂事！

你怎么这么惹人厌烦！

你是故意影响大家休息吗？

你赶紧把球放下，快去洗漱睡觉！

长期使用这些不良的沟通方式，会导致孩子出现防范、抗拒、敌视情绪，孩子会感觉到受压制，没有面子，容易变得没有责任感，长大后会屈从于别人，希望别人给他提供解决问题的方法。

不仅如此，还会让孩子觉得自己无能，不被人接受，没尊严，没价值，变得自私、懒惰、不体贴人。

了解了无效的应对方式之后，父母就会迫切探寻有效的应对方式。毕竟没有哪一位父母会存心伤害孩子，我们可以用戈登博士在《PET父母效能训练》这本书里提到的"我信息"的方式来沟通。

有效的做法：

用"我信息"代替"你信息"，当父母告诉孩子某种不能被接受的行为是如何影响父母时，这些信息就是"我信息"。

例如：

我现在有点累，不能跟你玩。

看到你把玩具扔在地上，我很生气。

"我信息"通常包含三个部分：对不接受行为的描述，说出自己的感受，并表达这种行为对父母的具体影响，即行为＋感受＋影响。

完整的"我信息"句式：

（1）现在到了睡觉的时间，你拍球那么大声，妈妈有点担心这样会吵到邻居睡觉的。

（2）现在到了睡觉的时间，妈妈看到你还在拍球，妈妈担心你睡得太晚，明天早上起不来。

为什么使用"我信息"更有效？

因为这样就把改变的责任留给了孩子，满足了对责任感的需求；没有贬低、指责、辱骂，不会激起孩子的抵触情绪；真诚、坦率地表达自己的感受，有助于培养良好的亲子关系。

什么是语言价值呢？

那些能被孩子接收到，引起孩子重视的，促进孩子正面行为的，才是真正有价值的语言。

第三节 亲子沟通的秘诀

或许，大家认为如今的孩子受到的关注特别多，而事实恰好相反。一项统计显示：现今家长与小孩的沟通时间，平均每天只有 6 分钟。孩子每天把大量的时间用在了电视、电脑和电子游戏机上。

相比于这些先进的科技产品，孩子更需要在人际关系、沟通技巧、情绪处理和其他许多重要生活知识以及能力上有所进步。

一、亲子沟通的"七字箴言"

对孩子的有效引导和教育需要通过良好的亲子沟通来实现。提到亲子沟通，很多家长望而生畏，这里给大家分享 7 条被验证过的、简单有效的做法，我总结成亲子沟通的"七字箴言"。

1. 真

真诚真心对待孩子，永远不要骗孩子，即便是善意的也不行。

孩子是否愿意跟家长沟通，是否相信家长，首先是孩子要能够感受到家长的真诚。我们发现，很多家长往往做不到这一点。现实生活中，家长对孩子的表扬往往让孩子感觉很虚伪，对孩子的道歉让孩子感觉更虚伪，为什么会这样呢？

因为很多时候，家长表扬孩子不是因为孩子做得有多好，而是为了达到家长的目的；而家长给孩子道歉往往都不是真诚的，只是希望道歉后，孩子能够妥协从而顺应家长。

当家长失去了最起码的真诚，也就意味着慢慢失去在孩子面前的威信。当家长没有威信，孩子不再信任家长的时候，亲子关系就出问题了。亲子沟通也就无从谈起，以后，家长不管说什么，孩子都会无动于衷。

如何才能做到真诚呢？

（1）放下功利。比如孩子这次数学成绩考了120分，离你期待的130分还有差距，明明你心里对这个成绩不满意，还是面带笑容地说："这次考得不错，继续加油，争取下次突破130分。"这样的表扬，孩子能感受到真诚吗？

当我们放下期待，收起功利，与孩子坦诚交流："这次考试结束了，不管你觉得满意或不满意都不是最重要的，我们一起来分析总结一下有哪些可以改进的地方，争取下次做得更好！"这样的交流或许孩子的接受度会更高。

（2）信守承诺。还有一种情形，你原本答应孩子的事情没有做到，你会找各种理由和借口来为自己开脱，希望得到孩子的理解。这样的事情出现一两次后，孩子也会丧失对你的信任感，觉得你说话不算数。

有一次，我出差前答应儿子回来给他带一辆玩具车，那几天行程安排得非常满，完全没有逛商店的时间，回来到车站的时候已经是晚上九点了。下车后我没有直接回家，先是打车去买玩具，一连去了几家商店，结果都关门了。最后，在路边发现一家刚关门的玩具店，老板正准备回家，我说服老板开门，选了一辆玩具汽车。

到家的时候已经快十一点了，当我把玩具拿给儿子的那一刻，他特别高兴。重要的不是玩具本身,而是爸爸每次都遵守约定。

2. 想

想好再说,不要信口开河,脱口而出。我相信没有一个人愿意受到攻击或伤害,也没有一个家长要故意伤害自己的孩子。然而,生活中有很多家长说话信口开河,想怎么说就怎么说,从不顾及孩子的感受。这里给大家分享一个小故事。

从前,有一个坏脾气的男孩,一次,父亲给了他一袋钉子,对他说:"每当你发脾气时,就钉一个钉子在围栏上。"

男孩虽然不知道用意,但还是照父亲的话去做了。

第一个月,每天都钉下几十根;第二个月,渐渐地少了,他发现控制脾气要比钉钉子更容易,再也不乱发脾气了。

父亲看后,又要男孩每当自己控制自己脾气时,就拔出一根钉子。

时间一点一滴地过去了,钉子也一根根地在消失。

终于,钉子全拔完了,他又蹦又跳地去找父亲。

父亲很高兴,牵着他的手来到围栏边,温和地对男孩说:"你做得很好,我的孩子。但是,看看那些栏上的洞,这些围栏将永远不能恢复到从前的样子。你生气的时候说过的话,就像那些钉子一样,在对方的心里留下永久的伤害。话语的伤痛也像真实的伤痛一样,令人无法承受。"

这个男孩就是林肯,后来他成为了美国历史上最伟大的总统之一。

每天钉几个钉子和每天拔几个钉子都是非常容易的事。

家长因为一时冲动对孩子说的话,可能给孩子带来痛苦和伤害,甚至破坏亲子关系。

我们要保护孩子的人格尊严，切不可图一时发泄之快，给孩子留下永远难以愈合的语言伤害。

作为成年人，就应该学会调整自己的情绪，不要动不动就出口伤人，尤其是那个对我们无比信任和依赖的孩子。不要老是用"刀子嘴豆腐心"这样的话来迷惑自己，也不要用"心直口快"来为自己作掩护。

从现在起，开口之前先问自己三个问题：

（1）这是真的吗？

（2）这是善意的吗？

（3）这是有必要的吗？

这三个问题叫"开口的三扇门"，提出这些问题至少能在开口之前，给自己一点暂停的时间，而这短暂的时间足以让你减少很多对孩子的伤害。

3. 观

用心观察孩子的行为，不要轻易给孩子贴标签、下结论。

我们在与孩子的沟通中，有个核心问题总是搞不清楚：我们是在帮助孩子还是在发泄自己的情绪；我们是在描述孩子的行为，还是在做行为评价。

比如，下面是家长常说的话：

我家孩子特别好动，完全静不下来。

我家孩子总是喜欢看电视，就是不爱做作业。

我家孩子很叛逆，总是和我对抗。

我家孩子很调皮，在外面老是跟人家打架。

请问，这些是孩子的行为吗？并不是。

什么是行为？行为的定义是：行为一定是具体的，能看得见，听得到的。比如说，这儿有一台摄像机，有一台录音机，凡是能够拍摄下来的，凡是能够录下音来的，都是行为。

我们做个小测试，辨别下面哪些是行为？

A. 我的孩子总是喜欢玩游戏，就是不喜欢学习。

B. 昨天下午，孩子回家后，看了三个半小时的电视却没有写作业。

C. 你的作业写得乱七八糟，看了就让人讨厌。

D. 孩子这么大了还不会叠被子，太懒了。

以上只有 B 是具体的行为，其他都是夹杂着父母情绪的评价。

4. 赏

注意赏识教育，多看孩子的优点和长处，在肯定的基础上再提出期望。

在此，给大家分享一个我一直在用的方法：写小鱼仔鼓励卡。

我们先来了解一下如何写小鱼仔鼓励卡：

亲爱的×××（最有感觉的称呼）

第一句话：不带任何感情色彩，只是去描述你看到的、听到的他的某个行为（他做到的，或者跟以前不一样的，有进步的）

第二句话：告诉孩子你的情绪感受是什么。

第三句话：对孩子的行为进行一个总结性的肯定，用评价式的形容词。

你学到了吗？

家长可以用便笺纸写出来，念给孩子听，同时贴在家里醒目的位置。

可能会有家长觉得好麻烦，还要打印出来，还要写。现在这个快节奏的时代，我们都希望每一个行为可以得到立竿见影的效果，却忽视了微行动的力量。

其实，这些走心的微行动，孩子都是可以感受得到的，他们能感受到爱，才会有爱人的能力。同时，这些记录的也是他的成就事件，想要孩子以后有自信，慢慢去发现孩子"做到的"点，累积成一串的成就事件，就能建立起孩子强大的自信。

很多家长听完并且用过小鱼仔鼓励卡之后，都觉得这个方法特别好，亲子关系有了很大改善，孩子的自信心也提高了。

写小鱼仔鼓励卡的过程，也是父母关注孩子成长的过程，只有关注，才会发现，只有发现才会让我们看到孩子身上的闪光点，去慢慢改变我们对孩子不一样的看法。

这个过程并不是立竿见影的，需要一定时间的积累，我们写一周可能没有反应，写两周孩子可能慢慢会有点感觉，如果我们能坚持一个月，孩子可能就会慢慢改变对家长的看法。

最后，我想说的是，写小鱼仔鼓励卡，最核心的不是孩子能否有回应，而在于家长每天有没有花心思去关注孩子，发现孩子的闪光点，看到孩子积极和正向的一面。

5. 平

在和孩子交流时，千万不要居高临下，或是用审问式的语气跟孩子沟通。

在和孩子沟通时，要讲究技巧，和孩子平等沟通。父母和孩子交流的方式，会给孩子传递很多隐性但影响深远的信息，这种信息会伴随着孩子的一生。平等交流的本质是互相尊重，给彼此对等的话语权和关注度。

家长是与孩子谈话而不是训话，如果总是板着面孔，居高临下，就很难和孩子交知心朋友，孩子不是不愿谈，就是说假话。

这就要求家长和孩子谈话时，要以孩子的心态，用孩子能理解的语言进行，要蹲下身和孩子沟通，让孩子觉得你是他的朋友和伙伴，这样沟通才会水到渠成。

如何做到与孩子平等交流呢？

（1）认知上转变。从我的孩子，到我抚养的孩子。孩子不是父母的所有物，也不是附属品，孩子是一个有独立思想、独立灵魂的平等的人。

（2）语言上转变。家人之间需要使用礼貌语言，语言就是情感表达的中介，通过尊重式的语言，能更准确地感受到家人之间的关爱。孩子也在观察父母或其他家长的行为，如果成年人之间不尊重，那么孩子学习到的平等交流就是虚伪的。

6. 简

很多家长会说："我也不想唠叨，可是有的事情我跟孩子说了那么多遍，他还是不听。"

我们应该怎么做呢？

（1）用有效的方式和孩子对话。告诉孩子他可以怎么做，而不是一味指责孩子不该怎么做。家长不应该总是带着情绪和孩子说话,指令最好不要是抱怨、指责、数落,比如,"自己的房间又不知道收拾!"

当一个人发现自己是在被别人指责批评时,他便更加不愿意去听从了。你可以换一种方式:"你的房间可以收拾一下了。"

当家长的指令具体、干净利落、不带负面情绪,孩子更乐于听,更有执行力,自然省去了无数唠叨。

(2)制定规则,让规矩来"说话"。很多时候,父母的唠叨是出于一种"无力感"。当孩子出现某些问题,家长没有一定的原则和界限,舍不得依照规矩惩罚孩子,或者干脆都不知道该怎么去解决,只好不停唠叨,以安慰自己不安的心。

如果你看不惯孩子的某些行为,想要帮助他纠正坏习惯,和孩子约定好规则,比日复一日无用的唠叨有效得多。

比如孩子总是喜欢玩手机看电视,怎么说都不听,你可以选择一个恰当的时机,在和孩子商量的基础上,制订好每天玩手机的限制时间。

如果能坚持遵守规则一周、一个月,可以有一定的奖励;但如果超出了时间,那么就减少下一次玩的时间。

定好规矩,关键在于父母要守住底线,不轻易随着心情或其他外在条件而改变。孩子并非蛮不讲理,很多事情如果你提前定好规矩,坚持立场,不轻易妥协,随着时间的推移,他就能学会乖乖按照规定来,完全不需要你的唠叨,逐渐形成好习惯。

7. 和

和善而坚定地与孩子沟通,不把自己的情绪迁怒到孩子身上。很多家长经常说,孩子的教养方式很多我们都懂,可情绪不稳定时那些方法都忘了，只会对孩子吼叫，甚至打骂孩子。事后，我们也会非常后悔。

你是否曾遇到过这样的情况：到了要睡觉的时间，孩子依然坐在沙发上看电视，你提醒孩子，他依旧无动于衷。这时候你会有什么反应？暴跳如雷还是拳脚相加？

别着急，你可以尝试做到如下几点：

（1）调整情绪。首先，你要平静下来，告诉自己：这是一个练习如何跟孩子"好好说话"的机会。和孩子沟通的时候，父母的表情要自然，态度要温和，这样孩子才能够接受。

（2）描述事实。用"我看见""我听见""我注意到"这样的句式，而且情绪要温和平静。

一定要就事论事，只评价孩子的行为，比如，"妈妈看现在已经快十点了，你已经看了两集电视剧了"。而不能否定孩子，比如，明明只是提醒孩子关上电视去睡觉，父母却说孩子"你怎么一点都不自觉呢"，这样只会让沟通效果更差。

（3）表达感受。你还可以这样说："妈妈有点担心，如果睡得太晚，可能会影响明天早上起床，甚至导致你第二天上课的时候打瞌睡。"这样表达的是自己的感受，用的是"我感到"，对方更容易去理解。

（4）说出期待。你可以说："我们之前制订了上学期间的作息时间表，你是一个懂得自我管理的孩子，之前也一直执行得很好，妈妈相信你能够处理好学习、休息和看电视的关系。如果你觉得作息时间表制订得不合理，我们可以重新修改，在正式调整之前，妈妈希望你能够遵守我们共同制订的规则。"

（5）给出建议。真诚地表达，不带评判，不是命令。比如，"我希望你安排好休息和看电视的时间",这样说效果会更好。如果是"你应该""你必须"这种命令评判式的语气,会让人反感,尤其是对青春期的孩子。

最好是给出具体的建议:"我们刚才是不是说好了只能看一集,就要去睡觉?你已经看完一集了吧,那现在是你关电视,还是妈妈帮你关?"

有了前面的沟通铺垫,再加上给了孩子自主选择的机会,也就不会引起孩子太大的抵触。

这样一场原本可能的争吵和斗争,成为了自我改变的宝贵机会。希望想和孩子"好好说话"的父母,一定要学会调整自己的情绪,学会理解孩子的情绪,这样才能达到理想的沟通效果。

二、亲子关系的七大"杀手"

在与家长和孩子沟通的过程中,我总结了严重阻碍亲子沟通的七个习惯,可以称之为亲子关系的七大"杀手",希望家长们引以为戒。

亲子关系的"七大杀手"

1. 论

部分家长经常给孩子贴标签、下结论,习惯对孩子做"坏"的假设。如果在家长的心里,总是对孩子作出否定的假设,甚至是"坏"的假设。

试想，孩子常年生活在被否定的阴影里，他的心态会朝什么方向发展。

在家庭教育中，给孩子贴标签的现象随处可见。反省一下，自己是不是经常有意无意地说过自己的孩子："我家孩子不爱吃蔬菜""我家孩子不喜欢看书""我家孩子特别懒惰"等。

2. 空

有些父母对孩子的爱附加各种条件，对孩子说话不算数；有些家长为了哄孩子，经常会开一些"空头支票"，这样做的危害是很大的，长此以往将失去孩子对你的信任，同时也更容易让孩子养成出尔反尔的恶习。

此外，我发现有很多父母在孩子满足了条件之后却找各种理由来搪塞，不兑现自己的承诺。当父母不能依照承诺履行诺言时，孩子就会对父母的口是心非感到非常生气，而且以后不会再相信父母的话。久而久之，孩子累积的怨气不但会严重影响到亲子间的和谐关系，也会降低孩子对父母的信任度。

比如，妈妈答应孩子，这次期末考试考好了就带你出去玩，结果到了约定的那天，外面下着暴雨，而且全程停电，于是妈妈顺理成章取消了原来的出行。孩子火冒三丈，指责妈妈不守承诺，处处和妈妈作对。妈妈觉得很无奈，向我求助：熊老师，究竟是我错了，还是我的孩子无理取闹？

遇到这种情况，家长该怎么办呢？

首先，家长要学会做约定。包括应对可能出现的特例，如果出现特例时，可以由孩子选择替代方案，也可以由家长和孩子共同商定其他方案。其次，即使是下雨天依然可以带孩子出去，外出时注意安全。提前跟孩子明确如果下雨停电，商场和游乐场无法营业，一起想一想可以去哪里玩。

相比于去哪里玩，孩子更在乎的是父母说话算数，在乎自己的感受。

没有信任就没有威信，父母失信于孩子，孩子就很难服从管教。

父母应像与成人交往一样认真对待与子女的相互承诺。当孩子认识到自己答应了的事情就必须做到时，就有了责任感，从而学会履行责任。

3. 气

父母随便发脾气，拿孩子当"出气筒"。成年人在工作中遇到了一些不顺心的事，或者生活上的一些琐事，这时候真的不应该拿孩子当"出气筒"，更不要说"我还不是为了你，为了这个家"之类的话，这样容易加重孩子的心理负担。

有一次，我在公司楼下餐厅吃饭，前后不到10分钟的时间，目睹了两个孩子在饭桌上被家长打骂的情形。

这一幕让我觉得特别不能理解，然而，在现实生活中这样的场景十分常见，但习以为常的事情并不见得是合理的。

场景一：

坐在我们旁边那一桌的妈妈对正在吃饭的女儿说："赶紧把你的外套脱下来，你看你都出汗了！"女儿连忙说："妈妈，我现在不热。"

妈妈生气地说："让你脱就脱，你还犟嘴，你看你都出了这么多汗，怎么可能不热呢？你连热都不知道吗？你怎么那么不听话！"

妈妈一通责骂，女儿没有再开口，继续默默地吃饭。妈妈带着怒气把女儿的外套脱下来，然后拿着纸巾帮女儿擦汗，孩子只好顺从地配合。旁边的爸爸一直没有说话，整个过程中妈妈一脸的怒气。

试想，如果你是孩子！你能感受到妈妈对你的关心吗？

场景二：

没过两分钟，第二幕又出现了，前面那桌一对父母带着一个大约四岁的小男孩在吃饭。小男孩吃了几口就停下来，开始摆弄手里的筷子，爸爸不耐烦地催孩子："你又在磨蹭什么？赶紧吃饭！"

孩子依旧无动于衷，爸爸生气地用手中的筷子对着小男孩的手重重地打了两下，小男孩就哇哇大哭起来。

爸爸一边吃饭一边说："让你不听话，回去看我怎么收拾你！"

试想：如果你是家长，遇到类似这样的挑战，你会怎么做？

为什么很多父母常常会因为一点点小事，忍不住打骂孩子呢？

事情＝事件＋情绪，其实，真正让父母生气的，并不是孩子糟糕的行为，而是父母糟糕的情绪。

可能是因为生活压力大，可能是因为生活中的一些不如意，我们积压已久的情绪缺少一个出口。这个时候，孩子的任何一点调皮、不听话就成了我们情绪爆发的导火索，孩子顺理成章地成了我们撒气的对象。

对家长来说，我们最应该做的不是去学多少教育孩子的方法，而是觉察自己的情绪，疗愈自己的伤口，育儿先育己，这一点特别重要。愿更多的父母自我觉醒，希望每一个孩子被温柔以待。

4. 叨

曾经，我在送孩子上学的路上看到这样一幕：母子俩疾速地赶路，妈妈一只手牵着孩子的胳膊快速地走，另一只手拿出手机看时间，生气地说："马上就到9点了，还有2分钟就迟到了，你还不走快点！叫你早点起床半天不起来，吃个早饭磨半天，路上又堵车……"

一直说，一遍一遍地重复。孩子像木偶一样被妈妈牵着走，好不容易走到了学校门口，我在想：上学的路对孩子来说可能是一段十分漫长的路。妈妈一路上的唠叨、数落，孩子该有多么沮丧，到教室里能静下心来学习吗？

这位妈妈着急的心情可以理解，孩子没有时间观念，妈妈要教育孩子守时本没有错，只是这种教育方式不仅起不到好的效果，还会导致孩子反感，从而与家长对抗，更不会反思自己的错误。

在这个过程中，孩子也会受到心灵上的伤害，妈妈在情绪激动的情况下会说一些负面的话，就像一颗颗钉子扎进孩子的心上，钉子拔掉留下的伤痕是抹不掉的。孩子迟到本来就挺自责的，但是妈妈批评了，孩子就会想"我做错了，妈妈批评了我，扯平了"，就不会自我反省了。

妈妈不要着急插手，让这次迟到成为孩子学习成长的机会。孩子回家后妈妈可以这样说：这次迟到你是怎么想的？这是你要的结果吗？怎么办最好？这件事你学到了什么？你打算怎么做呢？你希望我做什么？这样孩子就会认真思考这件事，在妈妈的帮助下找到一个解决迟到问题的办法，逐渐养成守时的好习惯。

妈妈要学会用简洁的语言跟孩子沟通，不要做个唠唠叨叨让孩子反感的妈妈。

5. 比

在讲课的时候，我经常问家长一个问题：你知道孩子最讨厌的人是谁吗？有不少家长尴尬地回答：可能是我吧！其实，孩子最讨厌的人是"别人家的孩子"。换句话说：别人家的孩子也是背锅侠，孩子真正讨厌的是被用来和别人做比较，尤其是用"别人家孩子"的优点和自己的不足进行比较，显示自己有多差劲和糟糕。

父母应该让孩子"和自己比"，而不是"和别人比"。例如，拿孩子这次成绩和上次成绩进行比较，孩子的今天和昨天对比，明天和今天对比。只要努力，每个孩子都是独特的个体，每个孩子都有独到之处。

6. 命

处处显示家长的权威感，事事对孩子发布命令、指示。

父母经常用命令的口气对孩子说话，叫孩子做事，会使孩子产生逆反心理，很难收到预期的教育效果。一直在命令中做事的孩子，会缺乏主动性，容易形成懦弱的性格，不利于孩子的成长。

下面这些话，我们有没有对孩子说过？

"快去把作业写了，别瞎耽误工夫！""赶紧把电视关了去睡觉！""再不把手机放下，下次别指望我拿给你！""我这是最后一次警告你！这是最后一次！""我数到三，再不去我就……"

我们听到这样的话内心会有什么感受呢？

愤懑？痛苦？郁闷？或者兼而有之？

孩子的心灵更是敏感脆弱，他们会有更加复杂的感受，只是他不能或不敢用语言表达出来罢了，他们会用动作来反抗，用哭声来宣泄情绪。

我们可以回想一下，每当我们用这样的方式命令孩子时，是否达到了我们最初想要的效果。

常常被命令的孩子会怎么样呢？

如果父母总是用命令型的语言跟孩子讲话，孩子的自控力就会不断下降。反正你说不要做，那我就不做，他不会去探索规则，不会去探索边界，不会去尝试自己掌控这件事情。在这种家庭环境中长大的孩子容易丧失自控力，缺乏责任感。

我们做父母的可能以为有权利命令孩子，而面对慢慢长大，已经具有自主意识的孩子来说，父母的命令口气会让孩子认为父母不尊重自己，会严重伤害孩子的自尊和独立意识，从而影响亲子关系。

7. 强

父母自己做不到的事情，却强求孩子做到。

大家听过三只笨鸟的故事吗？

有位妈妈给她女儿说，笨鸟要先飞，整天就唠叨这句话，女儿就烦了。

女儿：妈妈你知道吗，世上有三只笨鸟。

妈妈：哪三只？

女儿：第一只，笨鸟先飞；第二只，嫌累就不飞；第三只鸟最讨厌。

妈妈：第三只鸟是什么鸟？

女儿：她自己不飞，飞不起来，就在窝里下个蛋，让她女儿使劲儿飞。所以第三只鸟最讨厌。

但愿我们不是第三只笨鸟。

"己所不欲，勿施于人"这句话在家庭教育中也是成立的。很多父母往往制定多条所谓的"家规"，结果在执行的时候只管孩子不管大人，不许孩子玩手机，自己却整天手机不离手。不许孩子这样那样，结果自己一样没做到。

试问，"以身作则"您做到了吗？

大家可以对照一下，以上七个亲子沟通容易踩的坑，看看自己踩了几个。如果一个都没有踩，恭喜你！如果有两个以上，就需要好好反思了。

第六章
学方法：做孩子的成长教练

俗话说，术业有专攻。虽然说，养育孩子不是职业，但也是有规律可循的。父母得放下一些固有思维，学习科学的方式方法，切记不可蛮干；否则，不但自己很郁闷，而且达不到很好的效果。

第一节　唤醒孩子内心的渴望

一、与梦想有约

常常有家长问我，我家孩子对什么都不感兴趣，没目标，没动力，我该怎么办？相信这是一个困扰很多家长的难题，为什么会出现这样的情况呢？

在我看来，有几个方面的原因：

一是外在给的东西太多，孩子压根不需要努力就可以轻松得到，他为什么还要努力呢？

二是绝大部分孩子缺少生涯教育，不清楚自己是谁，不知道自己有什么优势，不知道以后要去哪里。

回想一下我们小时候，尤其是生活在农村的家长，物质生活匮乏，什么都需要付出劳动和努力，所以得来后特别珍惜，尤其是读书的机会。那个时候我们有一个特别朴素又强烈的愿望，考上大学，走出农村，改变自己的命运。

而今天，很多孩子把读书和学习当作一种任务，甚至是负担。他们的内心没有梦想，关注的只有自己，找不到要去努力的方向和支撑自己的力量。

如何才能解决这个问题呢？也不难，就是父母要积极帮助孩子树立一个梦想，明确实现的路径，鼓励孩子依靠自己的努力去实现，这样孩子自然就会有动力。

具体怎么做呢？给大家分享两个简单的方法：

第一，平时多陪伴孩子，认真观察孩子对什么事情特别感兴趣。

比如孩子做某件事情的时候，特别专注和投入，你能从他的眼睛里，看到那种炽热的光芒。

你家孩子有没有一些特别喜欢或特别享受的事情？

其实，每一个孩子都有！只是在孩子小的时候，我们没有花那么多的心思去关注，以至于孩子的兴趣慢慢被淹没了，如果我们用心去发掘和引导，就一定能够重新唤醒孩子的兴趣和热情。

作为父母，我们一定要尽早去发现孩子特别闪光的地方，了解那些他自己非常享受的事情。

第二，观察孩子在某一方面有无独特的优势或能力。

也就是说，同样一件事情，别的小孩可能半小时才能做完，而你的孩子只需要十分钟就可以了，而且做得很好。那么，这个就有可能是其优势所在。

与梦想有约

如果我们能够把孩子的兴趣和优势结合，加以培养和引导，就能够给他找到坐标，作为他未来可能的发展方向，一个宏大的梦想就可以树立起来！当一个人有了梦想，他就会有明确的目标和动力。

除了上面两点，我们还可以通过其他方式帮助孩子树立梦想：

一是带孩子参观博物馆、图书馆、科技馆等，让孩子见多识广。

二是帮孩子找到榜样或让自己成为孩子的榜样。

三是给孩子找一个好导师。

这里给大家分享一个初中男生的案例。

这个男孩来咨询时读初一。在他读小学的时候，一直参加我们周末组织的研学和暑期营地活动。妈妈也特别重视孩子的教育，每次有线上线下的课程，都会非常积极地参与。孩子进步也非常大，从之前一个内向、不自信、不爱说话的孩子，变成主动、大方、敢于上台表达的孩子。学习成绩也有了很大的提升，考上了当地一所不错的初中。

上初中之后，情况有一些变化，妈妈发现孩子对学习的兴趣下降了，比较喜欢玩手机。妈妈非常担心，向我求助。我给孩子和家长做了一次咨询。孩子来了之后，我们先简单交流了一下，了解了他当前的学习情况，他妈妈也表达了自己的担心和顾虑。

孩子也表示，自己知道玩手机不好，每次都很后悔，下次又控制不住想玩。我说，出现这种情况很正常，如果你真的想要解决这个问题，老师和妈妈可以一起来帮助你，孩子默默地点点头。随后，我和孩子聊起他的兴趣爱好，包括他对自己以后的规划和想法。聊到这里的时候，孩子就说他特别想去当兵。

我就问妈妈，这是孩子自己的想法，还是家长的想法？

妈妈说这是孩子自己的想法，上小学时就一直有这个想法。但是，他自己对当兵这件事情也不太明确，家里也没有谁从过军，关于部队的具体情况全家人也不清楚。

我说，我大学毕业后参军入伍，对部队的情况有一定的了解。孩子听了之后特别高兴，于是我们就围绕着军人这个话题跟孩子做了一些细致的沟通。

我问孩子：当兵你是随便想一想，还是真的想？

孩子听了之后，非常不解就问我：这有什么区别？

我说：如果你是真的想做，就付出实际行动努力接近自己的目标。如果你只是想一想，可能就是嘴上随便一说，不会有任何的行动。你觉得自己是哪一种？

孩子肯定地回答：我是真的想！

我说：很好。你能不能告诉我为什么要当兵？

孩子回答：我觉得军人保家卫国非常伟大，我很想成为那样的人！

我说：太好了！真是血性男儿。

我接着问：想成为一个合格的军人，首先要通过选拔，选拔需要具备哪些条件，你知道吗？

孩子说：不清楚。

我告诉他：军官的要求更高，要考取军校，普通士兵也要具备高中以上学历，越来越多的兵种要求大学学历。不管是军官还是士兵，都对身体素质有严格的要求，其中有几项基本要求：

比如视力。每年征兵体检很多人就是因为视力过不了关。如果想去参军,你的视力至少要保持在4.5以上的水平;还有,就是体能要好。最基本的就是跑步,不管是日常训练、野营拉练,还是抢险救灾、应急备战,这都是最基本的要求。

从现在开始,你要加强锻炼,让自己的身体素质达到同龄人中佼佼者的水平。孩子边听边点头,看得出来他对这件事情特别在乎。接下来,我给孩子提出了几条建议:

第一,养成运动健身的习惯。可以给自己定个小目标,每天做20个俯卧撑,慢慢加量,每周跑几个三公里。

第二,保护好视力。首先减少每周玩手机的时间,从原来的每周大概6个小时,减少到两小时以内。其次,不管我们平时是玩手机、看电视,还是写作业,间隔一个小时要休息一下,这样可以有效减少视觉疲劳。以上两条和孩子做好约定后,让他书写成文,并和妈妈在上面签名。

第三,提升学习效率。坚持我之前教他的"自主学习流程图"和"三轮一返"做作业的学习方法。

最后,给孩子布置了作业,让他回去后制作一张"梦想版图",做好以后让妈妈拍照发给我。同时,把自己做的"梦想版图"贴在床头,每天早晚都可以看一看,对自己起到一个很好的激励作用。

从效果来看,孩子和妈妈双方都执行得非常好。

很多时候,我们老是说孩子学习不主动,缺乏自律能力,从本质上讲,是他没有找到去做这件事情的价值。所以,他认为可以做,也可以不做。这个时候,只有我们家长干着急,孩子一点儿都不急。

当我们通过深入沟通和引导,给孩子一个明确的方向和行动的理由后，孩子就会开始做自我管理，而家长要做的就是日常提醒，以及他做到之后，及时给予鼓励。

二、为目标而战

目标对于人生的引领作用无可置疑，可以毫不夸张地说，长远的、清晰的、不动摇的目标决定了我们生命的质量。

为目标而战

1970年，美国哈佛大学对即将毕业的学生进行过一次关于人生目标的调查，调查显示：27%的人没有目标，60%的人目标模糊，10%的人有清晰但比较短期的目标，3%的人有清晰而长远的目标。

1995年，也就是25年后，哈佛大学对毕业于1970年的这批学生再次进行调查，结果是这样的：

有清晰而长远的目标的3%的人，但凡朝着自己目标努力的，都成为了社会各界的成功人士，其中不乏行业领袖和社会精英；

有短期目标的人，大部分成为各行业和各领域的专业人士，大都生活在中上层；

目标模糊的那60%的人过着随遇而安的生活，基本生活在中层靠下的边缘地带，甚至有一部分人因为一些不可控的因素和意外而沦落到底层；

剩下的27%的人，虽然也都有名校毕业的光荣履历，但因为生活缺乏目标，走入社会后，再也没有学校里的各种考试的压力，他们浑浑噩噩，甚至开始混日子，几乎过得都不如意，甚至一些人到了靠领救济金过日子的地步。

对于青少年来说，成绩无法提升的关键是"没有目标"，大多数孩子不知道为什么要学习，为什么要考试，为什么要上大学。

其实，每个孩子都会有自己的想法，作为父母，可以为他们做点什么呢？

首先，帮助孩子梳理优势，让孩子认清自己的禀赋所在。其次，引导孩子树立一个远大的志向，并把这个志向分解成若干个小目标，较为均匀地分布在孩子的各个成长阶段。

我身边有一位朋友，本人是大学教授，也是知名的生涯规划专家。从小就对孩子进行生涯指导，他的儿子小宸目前读小学三年级，已经有非常明确的目标大学——国防科技大学。

这并不是父母强加在孩子身上的，而是基于孩子的兴趣和优势加以引导，内化成了孩子自己的目标。孩子特别活泼开朗，喜欢运动，尤其擅长短跑，每次运动会都是第一名，也很喜欢足球、篮球和游泳。成绩也不错，其中数学比较突出。

孩子还是个小军事迷，拥有丰富的军事知识，尤其是对航天科技非常感兴趣，家里堆满了各种型号的火箭模型。

我问这位朋友，你这个目标规划是不是太超前了。他说：我觉得越早越好！现在的孩子接收的信息量比较大，很有主见，孩子的自主意识形成得比较早。10岁之后，就不太好引导了！

如果孩子的目标是成为军事科学家，那么考上国防科技大学就是一个分目标；然后分解国防科技大学这个分目标；下一层级的目标就是重点中学。继续往下分解目标，就是保持学业上的优势，全校排前10名，这个小目标是看得见摸得着、需要每天去完成的具体目标：自觉写完家庭作业是基础，适当安排一些拓展训练，语文每天阅读30分钟，数学每天做一套速算题，进行10分钟的数学训练。

清晰的目标就像孩子人生路上的"灯塔"，无论是大目标、小目标，还是长远目标、近期目标，都会激发孩子内心深处源源不断的力量。从这个意义上说，目标就是内动力的激发器。

再来看一位高三学生逆袭的故事。

这是我见过的特别神奇的一个孩子，神奇在哪里呢？

（1）非常聪明，数学、物理接近满分；

（2）英语偏科严重，不到60分；

（3）对学习完全没兴趣，上课80%的时间在睡觉，成绩居然在本科线上；

（4）皮肤黝黑，酷爱运动，尤其喜欢泰拳；

（5）爱好奇特，喜欢凶猛、危险的动物，比如蛇、蜥蜴；

（6）不喜欢城市，向往大自然的生活；

（7）家境优越，父亲经商，告诉他家里的钱够他花。

当时，遇到这个孩子也是个巧合，那时离高考不到半年时间，孩子妈妈见孩子英语成绩太差，每次考试都不到60分，非常着急，想找个地方给孩子补课，于是朋友给她推荐了我们学校。

孩子只是例行公事地陪妈妈来看看，压根没想着要补课，和我们的咨询老师聊了不到20分钟，老师就聊不下去了。为什么呢？

因为孩子找不到学习英语的理由，甚至觉得上不上大学都不重要。他父亲早年外出打拼，现在生意做得比较好，家里也积累了一定的资产。

父亲明确地告诉他，以后如果他想打理生意，可以回来接班。如果不想接班，只要不干违法的事就可以，家里赚的钱够他和他弟弟这辈子花。

你看，年纪轻轻已经实现了财务自由。家里有矿，就是不一样！

咨询老师过来找我求助，刚好那天我在巡校。根据老师和家长的介绍，这个孩子特别有个性，性格张扬，不服管教。喜欢打架，谁都不放在眼里，初中的时候因为打架被迫转学，上高中之后，又因为打架被学校记过一次。这让老师和父母觉得非常头疼。

咨询老师向家长简单介绍了一下我，妈妈激动地握着我的手说：熊老师，这个孩子我真的没辙了，只有麻烦你跟孩子好好交流一下！

我跟这个孩子大概聊了40分钟，聊完之后，孩子特别高兴，也心甘情愿地准备好好学习英语。

我们究竟聊了些什么呢？

刚开始，我没有跟他谈任何关于学习的话题，就跟他聊了他的兴趣爱好，比如打架这件事。

一见到他，我就问：听老师和妈妈说你的身手很不错，打架从来没输过，是吗？他笑着说：没错！接着补充说，有一次和两个高年级的同学打起来都没输，就是受了点伤。言语之间，有一种满满的自豪感。

接着我又问：你一般什么情况下出手？

孩子爽快地回答说：看不顺眼的时候。

我又问：什么人和事让你看不顺眼？

他说：之前有几次都是因为有同学欺负女同学和新同学，我看不过去，冲上去就把别人打了。

我听了之后，立刻向他投去了崇拜的眼神。激动地说：你真是生错了时代，如果生在古代，你就是一个行侠仗义的英雄，路见不平，拔刀相助。

孩子一听，当时就愣住了，第一次有人这样夸他。以前老师和家人都觉得他成天打架爱惹事，像个小混混。居然有人给他这么高的评价，而且他的内心非常认可这样的评价。

刚才这番话，我认可了他打人的动机，并没有认可他打架的这个行为。满足了他内心被认可的心理需求，他很愿意跟我聊天。

我接着问他：打架有两种，一种别人会非常尊重你，一种别人可能会嫌弃和讨厌你，你希望是哪一种？

孩子一听就来了兴趣，好奇地问我：为什么打架别人还会尊重你呢？我说：因为身份不一样，如果你是一个学生，一个普通老百姓，打架肯定是违法的。

如果我们有一个另外的身份，打架可能就另当别论了。孩子连忙问：是什么身份？我就告诉他，如果你是一个警察，看到有坏人欺负别人，这个时候你出手，就是匡扶正义。如果你是一个军人，如果敌人侵略我们国家，这个时候你出手就是保家卫国。孩子听了连连点头，觉得这样的打架才高级。

这是我们聊的第一个话题，让父母和老师都觉得头疼的打架问题。我先是肯定了孩子的心理动机，赢得了孩子的认可，走进了孩子的内心，当他接受我之后，开始慢慢引导他探索和思考自己的人生方向。

我鼓励他说：你的身手那么好，又很有正义感，特别适合报考警察学校或者军校。他对此也非常认可，于是，我在网上帮他搜索了10所军校和警校的资料。这个时候，孩子的兴致很高，我们又聊起第二个话题，他喜欢的蛇、蜥蜴、野生动物和大自然。

我说如果你喜欢大自然的生活，其实也有两种不同的选择。第一种选择：读完高中就可以找一片山，在山里面过野人般的生活，也没人管，自由自在，这样好不好？孩子看着我一脸蒙，没有说话，心里估计在想这也太草率了吧！

我接着说：有可能你喝了地上的水，吃了野生的蘑菇，生病拉肚子。也有可能被毒蛇或野兽攻击……

这是不是你想要的生活？孩子连忙摇头！

接下来我们来看第二种是什么呢？给你配置专业的户外和探险装备，你自己懂很多的野外生存知识，熟悉野生动植物的生活习性，还有专业人员组成的团队，也有经费保障……

这两种大山生活，你更愿意选择哪一种？他说我又不是傻子，肯定选第二种！我就告诉他，第一种是原始的野人生活，第二种需要你成为野外科考专家。接下来，我又列出中国排名前十的农林大学和相应专业，建议他去报考。

我们看资料的时候，发现这些学校分数都在580分甚至600分以上，他当时的成绩大概就是550分左右，也就是说只要英语成绩能够上100分，他就有机会上这些学校。

还没等我说完，他就自己提出，看来我这个英语确实有点恼火，确实应该学一下。

更神奇的是什么呢？

因为临近高考，老师们周末上课时间也排得比较满，英语老师只有一个空闲的时段，就是周天早上八点到十点。

那时候他弟弟不到一岁，妈妈大部分时间都要照顾弟弟，没有时间接送他。他来上课的话只能打车或自己骑车来。

妈妈担心他早上起不来床，因为他平时周末都是十点以后才起来的。于是，我就问他：你觉得有没有问题？他不屑地说：这点小事算什么！

你能想象吗？

这个之前对学习和上大学完全不感兴趣，在学校上课都整天睡觉的孩子，现在居然可以做到大冬天的周末早上七点之前起床，骑40分钟的自行车，赶来学他曾经最不感兴趣的英语。他的英语成绩后来有了很大起色，考取了一所自己比较满意的大学。

为什么会出现如此巨大的变化呢？

其实不难理解。通过生涯咨询，引导孩子重新认识了自己，发现了他的天赋，找到了一条非常清晰的实现路径，让他有机会去做自己真正感兴趣的事情，去追求他的热爱。

目标一旦明确，就会生发出力量。当他明确了自己真正想要什么，他就愿意花时间甚至付出代价去追求和争取他真正想要的东西。

三、引导孩子做手机的主人

很多家长对孩子玩手机深恶痛绝，恨不得将这部"祸害孩子"的手机打入十八层地狱。事实上，手机是在帮父母背锅，我们没时间陪孩子，手机帮你陪；我们没精力培养孩子的爱好，手机就成了孩子的爱好！孩子没朋友，手机里有人陪他聊天。在孩子的眼中，手机能做的事情远比父母多。

能管住自己的人才是真正的强者

孩子为什么爱玩手机？因为他觉得手机好玩。换句话说，孩子没有找到比手机更好玩的东西。

手机对孩子来说是什么？是可以陪他的玩伴，是他证明自己的战场，甚至是他最重要的朋友。

关于孩子玩手机的问题，很多家长咨询过我，怎样才能让孩子管理好自己的手机，少玩一会儿。大家在问这个问题的时候都是抱着一个心态：

希望我能教他们如何说服孩子，或者请我当说客劝说孩子不玩手机。

这个心态背后的目的是什么呢？就是希望孩子能够把手机放下，把注意力焦点转移到学习上去。我们一起来看我和一位高中生家长关于孩子玩手机的对话。

家长："熊老师，我的孩子爱玩手机，怎么办？"

我："他玩手机会怎么样呢？"

家长："老师，不得了，如果玩的话，首先影响身体。"

我："还有呢？"

家长："影响心情。"

我："影响谁的心情？"

家长："影响我的心情。"

我："还有呢？会不会影响学习？"

家长："会的，这个肯定影响学习。"

我："那你直说就行了，你说玩手机会影响学习，你让他放下手机，是为了让他学习，是这样吗？"

家长："这样说会不会显得我们太功利了？"

我："你就说你是不是这样想的？"

家长："是，可是哪一个家长不希望自己的孩子学习好呢？但是手机这个东西太害人了，孩子玩手机时我说了几遍都不听，还跟我们顶嘴。"

我："孩子的成绩怎么样？"

家长："还不错，能考600多分，上重本没问题。"

我："你是希望孩子放下手机，把那一部分时间也用在学习上，成绩再上一个台阶，考更好的大学，考进清华最好！是这样吗？"

家长："老师，你怎么知道我的想法？"（略显尴尬）

我："如果现在有两个选择：一个是玩手机，孩子学习成绩比较好；另一个是孩子不玩手机，每天学习，但成绩差。你会选哪一个？"

家长："我还是选第一个！"

我："本质上我们关注的是手机还是孩子的成绩？"

家长："成绩吧！"

我："孩子玩手机是在什么时候？每次玩多长时间？"

家长："周末放假的时候，平时学校不让带。一个小时左右吧。"

我："在这个竞争压力这么大的学校，如果孩子的成绩比较好，周末有时间玩手机，说明他的学习效率非常高，可能其他同学连作业都写不完。"

家长："好像也是。"

我："如果孩子并没有沉迷手机，能够自己控制好时间，说明孩子是有目标感和自我管理能力的。"

家长："我没想这么多，看到他拿起手机，就忍不住说他，离高考不到一年了！"

我："你觉得孩子的学习压力大不大？"

家长："肯定大呀！他们班都有几个孩子因为压力大休学了。"

我："有没有可能孩子玩手机其实是在释放自己的学习压力呢？不管是听歌、打游戏还是聊天……"

家长："这种可能性比较大。"

我："如果你的孩子有目标，有自我管理能力，学习效率也比较高，又能找到释放压力的出口，懂得调整自己的情绪。你觉得这样好不好？"

家长："老师，我懂了，太感谢你了！"

我们希望孩子学习好这件事并没有错，希望自己的孩子考一个好的大学，也没有错。不过，希望孩子"好好学习，不玩手机"这件事可以跟孩子好好沟通，不能把锅甩给手机。

为了让孩子放下手机，家长们尝试了多种方法：收手机、摔手机、让家里断网、控制零花钱以防孩子攒钱自己买手机，甚至把孩子送到戒网瘾学校……

请问这些方法会奏效吗？肯定不奏效！孩子玩手机的原因主要分三类：

一是孩子内心孤独，没有朋友，没有兴趣爱好，缺少父母的陪伴。

二是孩子在批评、指责、挑剔的环境中长大，自我价值感低，得不到正向关注。

三是缺乏人际沟通能力，在现实生活中交不到朋友，在集体生活中容易被边缘化。

提醒一下，只有家长透过表象看到孩子内心深处的需求和渴望，尝试去理解和帮助孩子，孩子才有可能心甘情愿地放下手机。

2019年底，在一个月的时间里，我接到了10位孩子家长的求助信息。问题基本上都与手机相关，其中一位家长特别着急，在和助理约时间的时候几乎是用央求的语气。这位家长到底遇到了什么问题呢？

当时，她的女儿在一所重点中学读初三，一个月前考试成绩严重下滑，周末把自己关在房间里把门反锁，成天抱着手机，也不愿意出门。

第六章 学方法：做孩子的成长教练

爸爸妈妈试图说服孩子交出手机，孩子威胁道：你们敢收我手机，我就敢跳楼！说着就直接拉开窗户，家长一听被吓到了，商量给孩子的房间装上防护栏，不小心被孩子听见了，孩子又甩出一句话：你们如果装了防护栏，休想我再回这个家。

孩子房间的门随时反锁着，钥匙放在自己身上，窗户随时都是开着的。父母吓得整夜不敢睡觉。

究竟发生了什么呢？

当家长按照我说的方法跟孩子沟通后，孩子答应来见我。

在和孩子交流了十多分钟之后，孩子开始在咨询室里号啕大哭起来。

我能感受到这个孩子的孤独感，她说自己没有朋友，没有爱好，从小到大父母只知道赚钱给她钱花，很少陪自己。

现在学习上又遇到困难，上课没法集中精力，学习成绩也下滑了，不知道跟谁说这些事情，也不知道怎么解决，除了玩手机暂时麻痹自己，她不知道自己该怎么办。

只有在玩手机、吃零食的时候她才会开心一点，一旦放下手机她就觉得特别无聊，连唯一的寄托都没有了，所以她不敢放下手机。拿起手机的那一瞬间，又觉得特别的悔恨，觉得自己很没用，只知道虚度时光。

总之，她觉得自己一无是处。当我把孩子的这种状态呈现在家长面前的时候，家长整个人都特别的崩溃。经过与家长和孩子商议之后，我给出了辅导的方向，通过积极引导，孩子最终找回了自己的状态。

孩子真正需要的是人，是父母有爱的陪伴，有情感的互动，孩子一个人玩，玩的是无尽的孤独，误以为手机可以代替人，结果越陷越深，不能自拔。

第二节　激发孩子的学习动力

很多家长经常说孩子缺乏学习动力。我会反问家长，真的是这样吗？

在这里，首先分享一句令我感触很深的话：从来没有关于孩子的教育，只有关于人的教育。

讲到这里，不知道大家有没有共鸣。我们说孩子学习不主动，那么我们有没有工作懈怠的时候？自己是不是每天都动力十足呢？

显然不是，即使非常喜欢现在的工作，我们偶尔还是有松懈的时候。成人尚且如此，何况是孩子呢！

动力是什么？或者说动力背后的源头是什么？动力就是需求是否被满足。只有真正理解了这个问题的本质，才能找到正解。

那么，孩子在什么情况下会有动力？

我从三个方面来分析：好处（意义感）、难度（胜任感）、回馈（价值感）。

第一，这件事情能不能给我带来好处？人在感受到明确好处的时候，行动力会非常强。比如女人去逛街的时候，漂亮的衣服、包包、首饰、美食、欣赏帅哥，都能带来愉悦感。

第二，难度大不大？如果一件事情很容易做，另一件事情做起来很难，你更愿意做哪一件？

很显然，困难的事情，失败的概率较高，我们很容易产生挫败感；简单的事情成功概率高，更容易获得成就感。这就能很好地理解孩子为什么会出现畏难情绪，其实他们是在保护自己的安全感。

家长要放下"裁判"的角色，做孩子的"读心师"，不要只是看到孩子的行为，而要去关心孩子行为背后的想法，进而关注孩子内心的需求和渴望，这样孩子才能感受到自己真正被关心。

第三，回馈是否及时？当我们做了一件事情之后，能否获得来自外部的正面回馈，也就是及时的鼓励和认可。

那么，面对孩子时，如何把以上三个方面处理到位呢？

一、好处

很多人一提到好处就是钱、礼物、玩具。而我们讲的好处包括三个方面（名、利、情），对孩子很有吸引力，而且不用家长破费。

这件事能不能给我带来好处？

1. 名（荣誉）

所谓名，就是通过荣誉激励，满足孩子内心被认可、被尊重、被关心的心理需求，这是花多少钱都买不到的。

我们回想一下，自己小时候最高兴的是什么时候？得奖状、上台戴小红花、当选升旗手，这些简直就是人生的高光时刻。

如今的小朋友，父母给他买滑板车、平板电脑、自行车甚至是手机，好像都没什么太大的感觉。因为物质的刺激是不断升级的。比如，这次奖励100元，下次奖100元可能没感觉了，需要200元或者更多才行。而精神奖励产生的兴奋感则是持续存在的。

2. 利（自由）

很多家长一提到"利"，就觉得是钱、玩具，其实这些东西对孩子的吸引力远远不够。

那什么对孩子真正有吸引力呢？答案是自由。下面这则案例就是很好的说明。

曾经，有一个小学五年级家长向我求助：熊老师，我家女儿从小一直很优秀，目前已经被重点中学提前录取了。她自己挺高兴的，我们也为她感到高兴。可是，最近她不愿意完成家庭作业，我担心孩子是不是出现心理问题了。

爸爸妈妈都是公务员，非常重视孩子教育，孩子就读于当地最好的小学，成绩一直是年级前5名。五年级的时候，被一所全国知名的重点中学提前录取。

妈妈对孩子的期望非常高，她觉得自己女儿不能只是上了这个学校，更应该进入这个学校的重点班。于是，妈妈当起了孩子的学习教练，每天孩子写完家庭作业之后，给孩子额外布置10道思维训练题，孩子很快就能完成，因为本身学习基础非常好，写完作业之后就约小伙伴一起去打篮球，这是孩子每天最开心的时间。

妈妈一看孩子这么轻松，想着是不是低估了孩子的潜力，看来10道题有点少，应该加量。经过了一番思考之后，决定从每天10道题改成做一张试卷。妈妈觉得，只有这样训练才能让女儿在与高手的竞争中获得优势。

令家长意想不到的情况发生了，孩子不仅潜力没有被激发出来，连原来可以轻松完成的作业都不愿意写了。原本不到一小时就可以完成的家庭作业，孩子现在硬是要拖到晚九点多钟。妈妈一看，都已经这么晚了，明天还要上学，就赶紧催孩子去睡觉，加练的试卷自然就泡汤了。

试想一下，如果你是一个优秀的员工，你的工作效率非常高。每次你的工作完成之后，领导都会给你布置一些额外的任务，你也能够完成得很好。再后来，有一些其他同事没有完成的任务，领导也会交到你的手上。

如果出现这样的情况，你会怎么做？是更加积极，越干越开心呢，还是主动把自己工作节奏放慢，尽量少承担额外的工作？

我所理解的对孩子最有吸引力的好处是自由。在和很多孩子谈心的过程中，孩子向我吐槽："什么事情都必须听我妈的！""我一点自由的时间都没有！""我感觉自己就像个机器人！""喜欢有什么用，还不是不让做，不喜欢能怎么办，还不是得做！"听完孩子的控诉，我的内心五味杂陈。

"好烦、好累、好想死"是孩子们自评的"三好"学生标准，也是当今很多孩子的真实写照。

对这个孩子来说，高效率完成作业的好处是可以和小伙伴愉快地打篮球，享受难得的自由和放松。当这个好处被剥夺，取而代之的是没完没了的试题，孩子对学习的动力自然就削弱了！

听完我的分析，家长非常认可。接下来，我给家长的建议是：把自主权还给孩子，让孩子做学习的主人，自己决定作业时间，每天加练的题量以及打篮球的时间。

妈妈回去之后，跟孩子一商量，孩子非常高兴，觉得妈妈能够尊重她的想法。双方达成一致后，孩子每天既能高效地完成学习任务，也有属于自己的篮球时间，亲子关系越来越好。

作为家长，我们最应该做的是保护好孩子的学习动力。如果孩子高效率地完成了作业，他就该拥有自由支配时间的权利。游戏、运动对孩子来说，都是极好的可以缓解疲劳、减轻压力、调节情绪的方式。家长一定要学会尊重孩子的情绪感受，了解孩子行为背后的心理需求。

3.情（温度）

父母和孩子之间有着天然的情感联结，如果一个孩子的行为可以给身边的人带来幸福感和愉悦感，他就会不断地强化这个行为。

小明妈妈平时下班比较晚，小明放学回家后会主动完成作业，并自己检查改正。妈妈回家看到小明作业已经完成，质量还很高，就说：小明，妈妈看到你独立完成了作业，并且学会自己检查改正，而且书写越来越工整了，妈妈觉得非常高兴。妈妈每天上班有点累，还担心做饭后再辅导你的作业会更疲倦。没想到，你不仅能自觉完成，还会主动检查，完全不需要妈妈替你操心，妈妈感到非常轻松和欣慰。

如果你是小明，听到妈妈这番话，你会有什么感受呢？

我相信孩子会为自己自觉主动的行为，给妈妈带来轻松和欣慰而充满成就感和满满的力量感。

二、难度

是不是孩子感受到好处之后，一下子就会动力满满呢？不一定，如果孩子面临的是一件很有挑战的事情，甚至超出自己能力范围，可能会遭受打击和失败，进而产生畏难情绪，止步不前。

简单　　　　　　超出我的能力了

家长该怎么做呢？并不是一味让孩子选择低目标，做容易的事情，这样很难让孩子有成长和进步。而应鼓励孩子选择高目标，帮助孩子做极致的目标分解，降低挑战难度。当好处越大难度越低的时候，孩子的动力就会越强。

12岁的轩轩是个品学兼优的孩子，妈妈是公司高管，爸爸是国企的高级工程师，父母平时工作都比较忙，轩轩主动性很强，学习上几乎不用父母操心，数学基本上都是满分。平时他还爱好阅读，尤其是科普和军事类的书籍杂志，对国家大事也很关心，经常能和大人侃侃而谈。孩子的梦想是成为一名企业家，近期目标是考上当地的重点中学。

虽说孩子的成绩一直在全校领先，但想进入这所录取率极低、全国知名的重点中学依然是个不小的挑战。即将面临小升初的轩轩倍感压力，有段时间轩轩觉得特别焦虑，甚至一度认为自己考不上这个学校。

下面，我们来看看轩轩的妈妈是如何和孩子沟通的。

第一步：树立信心（让孩子相信自己）。

妈妈相信你一定有这样的实力，因为妈妈是这个世界上最了解你的人。在接下来的半年时间里，我们一起努力，你有任何困难或需要帮助的地方，告诉妈妈，我们一起想办法解决，妈妈会在背后全力支持你。

听完妈妈这番话，轩轩对自己又多了一份自信和坚定，很快调整好自己的状态，满血复活地投入到学习中去了，并相信自己一定会考取这所学校的。

我们常常说："困难像弹簧，看你强不强，你强它就弱，你弱它就强。"这里所说的强弱绝不仅仅是能力，很大程度上是信心。孩子的信心来自哪里？来自家长无条件的信任和坚定的支持。

第二步：藐视困难（做极致目标分解）。

孩子当前的水平和目标学校之间有10分的差距，这10分通过哪个科目来提升？具体分布在哪些知识板块？涵盖哪些题型？每道题的分值是多少？考查的是孩子哪方面的能力？

做完这个分析，孩子就会非常明确，不再为自己能不能达成目标而焦虑，而是把所有的精力都聚焦在当下，专注于问题解决，思考我需要做什么可以让我离目标更近一步。

第三步：成就体验（小进步要大鼓励）。

家长要重视孩子的点滴进步，提升孩子的成就感，哪怕孩子下次考试比之前少错了一道题，哪怕只是多考了2分，都要及时给予鼓励和认可。要知道，对于原本成绩拔尖的孩子来说，任何一丁点进步都要付出巨大的努力，高手与高手过招，差距就在毫厘之间。

当我们能够看见孩子的付出，认可孩子的努力，孩子就更加确信"我在正确的方向上前进，我的付出是值得的"，就会不断强化能够达成目标的信念，就会更有行动力。

反之，如果我们看不到孩子的小进步，觉得完全不值一提，孩子就会感到自己的努力不值得，就会放松和懈怠。

在轩轩的努力和妈妈的支持下，轩轩学习状态越来越好，成绩又上了一个台阶，考试的时候也发挥得非常好，最终获得了 2 所优质学校的录取资格。

三、回馈

回馈分为两种：正回馈和负回馈。正回馈就是鼓励、认可、欣赏；负回馈就是敷衍、批评、指责、打击甚至是嘲笑。

正回馈　　负回馈

接下来，我们看看两种不同的反馈方式带来的不同结果。

正在读初二的小阳一向数学成绩不好，这次期末考试考了 80 多分，比之前进步了差不多 20 分，孩子非常高兴，回家后主动告诉妈妈自己的成绩，并且希望得到妈妈的奖励。

1. 妈妈给出的负回馈

（1）嗯，有进步，继续加油！（敷衍）

（2）数学有进步，英语怎么考得比之前差？（指责）

（3）一次考试说明不了什么，要每次都进步才算厉害！(打击）

（4）前面这么简单的计算都能做错，我真是服了你了！（批评）

（5）还好意思要奖励，满分150分，你这才刚过一半！（失望）

（6）是不是这次考试太简单了，其他同学考多少分？（怀疑）

这样做的结果是什么呢？孩子心想：我还不如考60多分，不用挨这么多骂。

2. 妈妈给出的正回馈

（1）这次数学进步了20分。（列举成就事件）

（2）妈妈看到你最近能认真复习和请教老师。（寻找支撑点）

（3）相信会有更大的进步！（表达信任和期望）

（4）这是你靠自己的努力赢得的，妈妈为你感到高兴！（相信）

（5）我们不用和别人比，要和自己比，比之前做得好就是进步。（肯定）

（6）妈妈注意到你前段时间复习非常认真，老师也反映你这段时间经常积极提问，妈妈相信你继续保持这样的学习状态，一定会有更大的突破！（鼓励）

3. 妈妈给出的奖励

学习是你自己的事情，这次考试有进步，说明用对了方法，付出的努力有了回报，也掌握了更多的知识，这样你后面学起来就会更轻松一些。这是你自己的事情，妈妈也为你感到高兴，妈妈不会因为考试考好了而奖励你，当然，也不会因为你考差了就惩罚你，考差了可能是因为我们没有掌握好学习方法、付出的努力不够，或者上课的时候不够专注，这也是你自己的事情。

如果你觉得需要什么东西，我们可以商量，如果确实用得上，对你的成长有帮助，也在妈妈的承受范围内，同时没有什么负面影响，妈妈可以给你买，这跟考试无关。

小阳妈妈选择了正回馈的做法。很显然，她知道孩子的注意力在哪里，焦点就在哪里。在养育孩子的过程中，作为父母，我们要争取做到：正面的鼓励，负面的忽视，唯有如此，孩子的成长才能越来越好！

第三节　培养孩子的学习能力

一、角色重塑：做自己人生的董事长

据调查显示，我国有相当一部分比例的孩子有不同程度的厌学倾向。那么，孩子厌学、逃学、恐学甚至辍学背后的原因是什么呢？

表面看，课业负担重、升学压力大、家长期望高都是造成孩子厌学的原因，但究其根源，是孩子角色的错乱，没有把学习当成是自己的事情，把自己视为被动学习的奴隶所导致的。

1. 如何让孩子觉得学习是自己的事情

要想达到这个目标，家长需要做到以下两步。

第一步：淡定一点。孩子考好了，高兴是正常的，你不能表现得比他更高兴，更不能逢人就问别人家孩子考多少分，总想着显摆一下。孩子考差了，你也不能表现得比他更着急、更难过。当你在无形之中表现得太过在乎学习成绩的时候，孩子理所当然地认为，学习是我爸妈的事情。

第二步：退后一步。什么意思呢？现实生活中，很多家长对孩子生活上遇到的挑战，学习上出现的问题，总是第一时间发现，第一时间冲过去解决。孩子根本没有自我反思和练习改进的机会，久而久之，就形成习惯了。题做错了，妈妈会检查出来；笔记本忘了带，爸爸会送过来；书包没收拾，奶奶会收拾；学校里布置的手工作业，爷爷会给我做……

试想一下，在这种情况下，孩子哪里会有自觉性和主动性？只有当孩子觉得自己是自己人生董事长的时候，才有自己的见解，才会愿意主动成长，才能够对自己负起责任。

2. 如何进行角色重塑

学习的过程是一个发现问题与解决问题的过程。学习中若没有发现问题，也没有解决问题，此时的学习便是假学习。

让孩子做自己学习的董事长

几十年来，张同鉴老师一直倡导学改，传播学习流程，致力于帮助孩子实现自主学习。他总结的一套理论和方式如下。

项目名称：流程化自主学习。

董事长：学生。学习是个人的事，也是团队的事，但归根结底是自己的事！

助理：老师、同学。善于借力，身边的所有人都可以为我所用。

后勤部长：家长。家长是助力不是主力，是孩子的支持者和帮助者。

学习定义：学习就是发现问题和解决问题的过程。

学习程序：发现问题、暂存问题、解决问题、复习巩固。

我们把这套理论和方法用在夏令营中，收到了很好的效果，孩子们的情绪状态和学习效率有了很大的提高。其中一个孩子学完之后非常兴奋，给妈妈发了一条信息：妈妈，从今天开始，我要做学习的董事长！

妈妈看了之后非常惊讶，回复孩子：好啊！那妈妈做什么呢？孩子回答说：你当好后勤部长就可以了！妈妈略感失落地问孩子：后勤部长主要做什么呢？孩子回答：相信我、支持我，在我需要的时候给我提供帮助。

你看，其实每个孩子内心都有自己做主的意愿，都有向上成长的渴望，只是因为父母做得太多，淹没了孩子的意愿和渴望。

我们先来看看家长在孩子的学习过程中经常扮演着哪些角色。

监工：一天到晚催促孩子学习、写作业；

外援：给孩子纠错、给孩子讲题、给孩子检查作业；

如何让孩子做自己的董事长呢？给家长两条建议：

第一，信任。孩子的表现就是你内心认为的表现，如果你不信任孩子，孩子会表现得不值得你信任，如果你信任孩子，孩子会表现得值得你信任。

第二，放手。不愿放手的家长，养不出真正优秀的孩子！为什么你觉得教孩子累？我们先是把孩子的腿打断，然后拼尽全力给孩子买一根最好的拐杖，最后指责孩子为什么跑不快！家长们一定要明白：不愿放手的家长，养不出真正优秀的孩子！

二、想办法让孩子独立自主完成作业

在家长遇到的所有挑战中，教育孩子恐怕是最难的一项，在教育孩子面临的众多难题中，"如何让孩子独立自主完成作业"无疑是摆在家长面前最头疼的问题。

作业拖拉、磨蹭是困扰很多家长的老大难问题。对此，我曾经在家长群里做过一次调查。

1. 孩子写作业的 10 大常见问题

（1）孩子写作业拖拉磨蹭，没有时间概念。

（2）孩子做作业时精力不集中，写着写着就停，不知在想什么。

（3）经常离开座位，找橡皮、喝水、上厕所，总之有很多小动作。

（4）不会主动写作业，不催他就会一直玩或看电视。

（5）字写得东倒西歪，说了无数遍，就是改不了。

（6）写字速度慢，经常要拖到很晚，导致睡眠不足。

（7）觉得作业多就哭闹、发脾气。

（8）写作业前不复习直接下笔，经常是错题连篇，简直不忍直视。

（9）一遇到不会的就跑过来问家长。

（10）每次快速完成作业之后不检查，等着家长发现错误，帮他改正。

试着对照一下，看看你家孩子占了几条。

为什么一向温柔体贴的妈妈一到辅导孩子作业，就像被点燃了的火药桶一样呢？

2. 家长辅导孩子作业的 7 大焦虑

（1）孩子做作业的效率低，越学越累，长此以往导致不想上学。

（2）孩子老是被动应付学习，导致缺乏自信心。

（3）孩子找不到成就感，学习兴趣很难真正培养起来，容易对手机游戏感兴趣。

（4）孩子缺乏学习的主动性，没有上进心，心中没目标。

（5）过分依赖家长和外力，容易导致空心病。

（6）缺乏自驱力，即使再多外在支持，学习效果也不佳。

（7）家长不得不催促、打骂甚至吼叫，引发家庭矛盾，伤害亲子关系。

面对孩子做作业慢的老大难问题，家长打、骂、吼越来越不管用，究竟应该怎么办呢？

在过去的10年时间里，我发现孩子的作业问题和学习难题归结起来可以分为三类，我们称为三道难关。

一是情绪关——不想做！

二是能力关——不会做！

三是能量关——没意思！

3. 巧妙攻破学习中的三道难关

（1）如何让孩子高兴主动地开始写作业？

我们常说：情绪力是学习力的基础，心甘才能情愿。下面，我们来看两种不同的沟通模式。

场景1：孩子放学回家之后

A版本：

今天作业多不多？（关注焦点：事）

赶紧去把作业写了！（命令）

先把作业写了，不写完不准吃饭！（威胁）

怎么还没开始写，你准备磨蹭到什么时候？（催促）

跟你说了多少遍了，你听不见是不是？（愤怒）

B版本：

宝宝（小名），回来了！今天辛苦了！（关注焦点：人）

先去把手洗了！准备吃点东西。（关心）

妈妈准备了蛋糕和面包，你想吃什么？（体贴）

你是想休息 10 分钟还是 20 分钟？（尊重）

（在这个期间，完成上厕所、喝水、吃东西、拿出作业、计时器，做好所有的准备工作）

今天作业难不难？需要妈妈的帮助吗？（支持）

试想，如果你是孩子，面对这两种不同的沟通模式，哪一种方式会让你更愿意开始写作业？

当然是第二种。总结一下：我们要像对待客户一样对待孩子，不要像对待下属一样，毕竟孩子只有感觉好，才能做得好。

（2）如何让孩子高效地完成作业？

人们往往更愿意做简单的、容易获得成就感的事情。因此，想要提升孩子的作业效率，就要想办法降低作业的难度。

教孩子对作业进行分类，先做一看就会的，简单的，不需要思考的题，第二轮做需要思考或者看书就能做的题，第三轮做不会的，需要家长或老师帮助的题。全部写完之后，再回过头来检查。这就是张同鉴老师总结的"三轮一返"的作业方法，我觉得很有借鉴意义。

如果还是有不会的题，可以求助家长，请教老师或同学，或者对照参考答案讲解，学习解题思路，不要抄答案。在理解的基础上，自己独立做一遍，再做几道同类型题，把这些题目弄熟悉，最后再讲给家长或同学听，能达到这种程度，就说明完全掌握了。

"三轮一返"的第一轮做一看就会的，不需要耽误时间，这样做有什么好处呢？能够启发我们的思维，把我们的思维训练得快一点；然后再做难一点的题目，当我们的思维快了，就有利于第二轮的思考；在做第三轮的时候，我们经过思维的进一步训练，到了后面思维更快。"三轮"做好之后，还有"一返"，就是返回去把所有题目放到一起去浏览，总结归纳，达到复习巩固的效果。

（3）如何让孩子对写作业产生热情？

人们往往在获得正向反馈，体验到成就感之后，才更愿意继续做一件事，孩子写作业也是如此。

场景2：孩子写完作业后

A版本：

这么快就做完了！有没有认真写？（怀疑）

怎么写这么慢，看看现在都几点了！（指责）

今天怎么计算错了这么多，你也太粗心了吧！（批评）

你就不能认真一点吗？你看看写的这个字，谁认得出来！（挑剔）

把今天老师讲的内容再复习一下！（命令）

B版本：

妈妈注意到完成的时间比昨天提前了，你的效率提高了！

妈妈发现今天的计算错的比昨天少了两道，你越来越细心了！

妈妈观察到你中途只离开座位3次，你比之前更专注了！

妈妈发现你写完作业后，还阅读了课外书，你越来越主动了！

如果我们的书写能再工整一点，就更好了！

试想，如果你是孩子，面对这两种不同的点评模式，哪一种方式你会更喜欢？

此外，我们在点评孩子作业的时候，切记不要敷衍了事，更不要一味地"挑刺"，在B版本中，我用的这个方式叫作"3+1"模型，先说孩子的三个值得认可的地方，家长的态度一定要真诚，陈述的内容要具体客观，这样才能让孩子信服。同时提出一条需要改进或者可以做得更好的地方。切记，只能提一条。为什么？因为只提一点孩子才能记住，才会上心，才愿意付诸行动去改进。

关于孩子写作业，父母还有几个地方需要注意。

一是不要当"监工"。很多家长眼神片刻不离盯着孩子，发现孩子动作慢了，立刻催他动笔；发现孩子做错了一道题，立刻指出来让其改正。

二是不要当"保姆"。不时围着孩子嘘寒问暖，孩子在写作业期间，时不时过去给孩子送吃的、送喝的，都会严重打扰孩子的专注力。

三是不要当"老师"。现在很多家长都接受过大学教育，其中不乏名校毕业的高材生，他们一方面很重视教育，另一方面对自己讲题非常自信，结果讲着讲着就把自己整崩溃了，孩子也整哭了。对于孩子不会的题，鼓励孩子自己思考、查资料，向老师或同学请教。

三、让孩子学会自信从容地面对考试

考试是对孩子学习成绩的直接检验和客观评价，因此，家长都非常重视考试成绩。重视到什么程度呢？之前在学生当中流传着一个段子：我考好了，我妈开心，我妈开心了，我们全家都开心！由此可见，考试的分量和带给孩子的压力。

很多家长和孩子常常有这样的苦恼，孩子平时学习认真，作业质量也不错，一到考试就容易失误，考试检测出来的水平远远低于平时的水平。这是怎么回事呢？在对孩子进行考试策略指导和心理减压辅导的过程中，我总结了三条策略，分享给大家：

1. "前3名"策略

很多孩子特别是初高中生容易出现考试焦虑和发挥失常的情况，其中一个重要的原因，是对自己的期望太高或者急于求成，心理压力过大导致的。

我辅导过的一个高中生让我印象非常深刻。孩子的妈妈当时来找我，是因为孩子每次考试的各科成绩比平时成绩低10~20分。整体成绩算下来少接近100分，而且连续出现多次。

家长很不解，跟老师了解情况，老师反映孩子的学习态度非常好，课堂内容也掌握得非常好，也很纳闷为什么会出现这样的问题。

我跟这个孩子交流了一次就发现问题所在。原来，这个孩子是以全校中考第一名的成绩考进重点高中，初中成绩从来没有下过年级前五名。老师的欣赏、同学的认可，各种光环一直伴随着他，进入重点高中后他又进了全校最好的班。

在这个60位高手云集的班上，他进班时的成绩大概能排到30~40名，老师对他也没有什么特别的印象。他无法接受自己从原来"名声在外"一下子变得"无人问津"。因此，每次考试前，他都暗下决心，这次一定要冲进前10名，这样就能"一鸣惊人"，重新赢回自己的"江湖地位"，获得老师的关注。

每次考试时，他不允许自己出一丁点错，特别是数学这个自己最擅长的科目。只要被一道题卡住了，他就非常焦急，心想这次"逆袭"计划又泡汤了，剩下的题目就随便做做。后面的几科就用应付的心态去完成，所以考试成绩远低于他平时的水平。这样的经历连续出现三次之后，他内心

第六章　学方法：做孩子的成长教练

就崩溃了，心想"逆袭计划"彻底完不成了，内心非常失落，学习状态也不佳。

听了他的想法后，我跟他说：你的情况跟我教的学生刚好相反，他们中的大多数考试成绩都比平时成绩好，而且一次比一次有进步。你想不想听听我给他们做的"逆袭计划"。他听完后特别兴奋地说：当然想啊！

这个方法叫做"前三名"策略。"前三名"策略不是让你下次就考到班级前三名，也不是让你一直盯着班上的前三面，而是盯着名次排在你前面三位的那个人。

比如你上次考试排名是 40 名，那你下次就以超越第 37 名的陈子轩为目标。这个目标是鲜活的，是通过短期努力完全可以达成的，达成之后会带给你成就感，这种成就感会让你更有信心去挑战下一个目标。

他听了连忙点头表示认同，我问，你觉得这个方法适合你吗？他说："我觉得挺适合的，我之前就是太着急了！"学霸就是学霸，领悟力非常强，我说："那你现在把你的挑战对象名字写在笔记本上，每天就盯着他，比他努力一点点，用心一点点，下次考试超过他。你对自己有信心吗？""非常有信心！"他大声地回答道。

一月后他的妈妈给我打来电话，说孩子的状态比之前好多了，近两次考试都有非常明显的进步！

面临巨大的升学压力和竞争，家长和老师都希望孩子力争上游，孩子们自己更希望能够突飞猛进。良好的心态、合理的目标对孩子成绩提升起着至关重要的作用。大多数时候我们都希望求快，有的时候慢即是快，慢以致远！

2. "去焦虑"策略

我在一线教学的时候,经常问孩子这种无聊的问题:

我:"为什么上次考得好?"

学生:"因为上次题简单。"

我:"为什么这次没考好?"

学生:"因为这次题太难了。"

我:"为什么这两次考试成绩波动这么大?"

学生:"有好几道题,我感觉都会,就是拿不准,结果成功避开了正确选项。"

以上几个问题看似无聊,却能够反映出考试成绩波动的真相。

什么叫简单题?你能得分的题就是简单题。什么叫难题?你没得到分的题就是难题。难题分两类:一类是你确实不会做,再给你1小时你也做不出来,另一类是看上去很简单,结果你就是顺理成章地做错了,试卷发下来的时候你一眼就看出错在哪里,结果下次又做错了。

我对学生的要求是,把题目分成三类,划分后在旁边画上相应的符号标识(见表6-1)。从平时的作业、练习到考试都是如此。相当于自己给自己当阅卷老师。

对照考试成绩自己给自己提要求,如果是打"√"的必得分题做错了,叫作"不能原谅",要有非常严重的"惩罚";如果是打"○"的中等题做错了,不是你的运气不好,而是相应的知识点不牢固、解题技巧不熟练,换句话说,你只是感觉会,并不是真的会,要尽早打破这种虚幻的感觉。这时要安排专项的"加餐",通过集中的专项训练,在两周之内让这类题升级成A类题。如果是打"▲"的难题做错了,就应多去请教老师和同学，看一些同类型题的解题思路，先让这类题变成 B 类题。

如果坚持用这个方法，孩子就会神奇地发现，考试中打"√"的必得分题越来越多，越来越有信心；打"○"的中等题慢慢减少了，考试焦虑也慢慢没有了；打"▲"的难题也越来越少，这样成绩自然就会稳中有升。

自己知道好在哪里，差在哪里，以及如何解决，每次考试之前就能做到心里有底，答题过程中不会过分焦虑，考完试也能做到坦然面对，状态就会越来越好。

表6-1 题目分类表

分类	标识	标准	得分率要求
简单题（A）	√	非常确认自己能做对、能得分的题目	90%以上
中档题（B）	○	不太确定能否做对，比如一道选择题能排除A、C选项，在B、D选项之间纠结，常常成功避开正确选项	50%
难题（C）	▲	没见过或做不出来，很难得分的题，只能靠运气	不做要求

3."底线"策略

过去我带的几届高考生中，每一年都有好几个学生超常发挥。超常到什么程度呢？他们高考的成绩，是有史以来自己考出的最好成绩，连学校老师、父母都觉得非常惊讶。

我就问他们：是怎么做到的？孩子们的回答让我觉得非常欣慰——说

就是按我平时教给他们的方法!

有"底线"不害怕

其实,这个方法不只适合高中生,对于初中生和小学生同样管用。针对高三学生,尤其是短期突击提分的学生,我采取了一套非常规的训练方法,称之为"底线策略"。

具体是怎么做的?我根据每个孩子的基础情况、接受能力、目标,给他们选定一个单科阶段性最低的分数,也就是说在这个阶段你只要不低于这个分数都是允许的。这个分数是学生自己定的,如果他定高了我会帮他调低一点。

比如基础比较差的学生,单科100分的科目,只给他定40分的底线分数,只要他高于这个分数,就会给他鼓励和认可,不断提升他的自信心和成就感,他的学习热情和状态就慢慢出来了,就愿意投入更多的时间和精力!

偶尔会有一两次他的成绩突破了这个"底线",我就会额外花时间给他单独辅导,制订补差计划,发动同学帮助他,让他重新回到这个"底线"之上。这个"底线"本质上是一条保护线,保护他们的学习热情,也是一条"安全线",不至于让他觉得自己学习不好而产生心理崩溃或放弃的念头。

这个"底线"并不是一成不变的，比如他的状态和学习能力慢慢提升之后，连续多次能考 50 分以上，这个时候学生就会主动要求将下一阶段"底线"分数调为 50 分，"升级"对学生来说也是一件非常开心的事情，这就好比"打怪闯关"一样，在这个过程中，学生看到了自己的进步，进步背后的努力和对自己的掌控感。

当他们越有安全感的时候，他们会越不满足于现状，不断去主动拔高自己的"底线"，期望挖掘自己更大的潜能，追求极致，也就是一条"理想线"。他们会在内心对自己说：我想看看自己最好的样子！

这种渴求不是来自考试和老师的压力，而是来自自己内心的状态。用这样的状态来面对学习和迎接考试，这个过程是积极愉悦的，也被验证是非常有效果的。

更重要的是，孩子们找到了一种全新的人生状态。用其中一个孩子的话说，我这三个月时间读的书、写的作业、用过的笔芯超过了高中三年。我从小到大从来没有这么认真地做过一件事情。

相信每个孩子都有足够的能力和潜力通过努力实现梦想，开启自己人生的新篇章。

第七章
克难题：做孩子的人生榜样

在养育孩子的过程中，我们可能会遇到很多难题，通常有两种选择：一种是指责孩子不听话，抱怨自己命不好；另一种是不断学习和成长，接近那些优秀的父母和专业的教育者，寻求有效的解决之道！

之前采访过一位成都市特级教师，她讲述了自己女儿的成长经历：从一开始不被幼儿园老师看好，到小学第一次面试没通过，到初高中一路开挂，学艺双优，到高考发挥失利，遭遇人生低谷，到战胜自己，追求新的挑战，见更大的世界，活出了自己喜欢的样子。

陪孩子一路走来，她自己也从一个喜欢苛求孩子、总是看到孩子不足的妈妈，变成了学会欣赏孩子、完全接纳孩子、陪伴孩子走出困境，成为孩子闺蜜，让人羡慕，自己也觉得幸福感满满的妈妈。

父母自我修炼是解决一切教育问题的核心，也是父母终生的功课！

在陪伴孩子成长的过程中，我们可以常问自己一句话：我改变什么，能让孩子变得更好？

第一节　破解家庭教育的三大难题

一提到教孩子，很多家长就会感到头疼说，教孩子是天底下最难的事情。接下来，我为大家揭秘家庭教育难题的真相，做到了这几点，能解决90%的育儿问题。

经常会有家长问我各种关于家庭教育和育儿困惑的问题。比如说，我的孩子不听话，怎么办？我家孩子爱打游戏，怎么办？我的孩子不爱写作业，怎么办？我们家两个孩子经常打架，怎么办？自己也听了很多课，看了很多书，用了很多方法，可为什么都不管用？

我发现，有三个核心的问题是家庭教育效果不佳的关键所在。

一、立场：比方法重要一万倍

什么叫立场？立场就是我们明确地告诉孩子，什么事情是必须做的，而什么事情是一定不可以做的！

很多时候，我们父母习惯做一个动作：大声吼叫孩子或者一遍又一遍重复自己说的话，当孩子没有按照我们的期待或之前约定的规则去做的时候，我们也没有采取任何有效的措施去捍卫这个规则。

慢慢地，孩子对我们的规则就没有了敬畏感，这时候不管你吼得有多大声或重复多少次，都不管用。而一旦父母在孩子心中失去了威严，孩子就不会把父母说的话太当一回事。

有立场

立场比方法重要一万倍

用正面管教中的观点，立场就是你能否做到温和而坚定。我们不需要发脾气，我们只需要告诉孩子：这件事情一定要这样做，不做就是不行。

这就是破解家庭教育难题的第一个关键点：立场。为什么立场如此重要？因为我们有什么样的立场，就会有什么样的价值观，就会有什么样的行为，就会产生什么样的结果。

重要到什么程度呢？我在讲座现场经常分享这句话：立场比方法重要一万倍！

接下来，我想给大家分享一个故事。

之前，我看到过这样的一幕：地铁上，一位年轻的妈妈带着一个五六岁的小女孩，提着一个行李箱，应该是外地过来旅游或者是准备出门的。当时，正值下班高峰期，地铁上很挤，也没有座位，妈妈站着扶着行李箱，孩子就坐在行李箱上面，手上拿了一个玩具。孩子可能觉得比较无聊，玩具拿在手里不断地扔来扔去。

妈妈就给孩子讲：你别再扔了，待会扔掉了我肯定不会给你捡的。没想到，这个话刚一说完，孩子的玩具就飞出去，掉在地上了。这个妈妈就瞪了孩子一眼，说道：让你不要玩，你怎么就是听不进去呢？

孩子看了妈妈一眼，低着头，准备从行李箱上下来去捡地上的玩具，这时候，妈妈赶紧说：你别下来！说完，赶紧跑过去把玩具捡起来，拍了拍，拿给孩子。又说了一句：这次别再扔了，掉了我真不会帮你捡的。这个孩子拿起玩具又开始在两只手之间来回交换。这个妈妈很无语地看了看孩子，把头转向另一边。

很多时候，我们觉得孩子难管，孩子嫌我们做家长的唠叨，为什么会这样呢？如果我们说了一遍，孩子没有听，我们会继续说第二遍、第三遍。

事实上，如果一句话本身有力量感，说一遍就可以了，如果一句话没有力量，说的次数再多也没有意义。

值得注意的是：我们平时所承诺的事情，不管是规则，还是对孩子奖赏或者答应孩子的要求，如果我们说的跟我们做的不一致，就会显得我们没有原则和立场。

立场为什么那么重要？因为立场代表价值观。当我们的言行不一致的时候，我们给孩子提要求，他就不会遵守。在父母课程现场，我常常讲一句话：孩子怎么对你，其实都是你教的。

二、力量：父母不宜做孩子的差评师

很多家长在教育的方向上出现了严重的问题，为什么这么说呢？想一想我们平时是怎么做的。

很多家长特别习惯管理和监督孩子，当我们这样做的时候，其实就是把孩子推向了我们的对立面，孩子会本能地抗拒和反感。还有一类家长，习惯去贬低和打击孩子，来证明自己是正确的。

我们总是证明自己是多么正确，孩子有多么无能。当我们这样做的时候，就是把孩子们推向了低价值感的深渊，让孩子觉得自己很差。

给予孩子向上成长的力量

不妨问问自己：教育孩子的目的是让孩子觉得自己很糟糕，还是让孩子觉得自己可以做得更好？

我们需要明确一点，父母最重要的价值，是做孩子的人生赋能师，而不是差评师。对孩子的教育在什么条件下才能产生效果？答案是让孩子感受到力量的情况下。

有时候，父母会慢慢忘记我们最重要的事情，就是源源不断地给予孩子向上成长的力量。

那么，父母该如何激发孩子内心的力量呢？

第一，当孩子遭遇到失败的时候，我们要用正面和肯定的语言去激励他，让他从失败的情绪中走出来。

场景1：孩子自己倒水，不小心打碎了杯子

家长态度：你看看你，这点事情都做不好，我就说你做不好吧！

试想，如果你是孩子，听到这样的话，你会有什么样的感受呢？

分析对比：我们完全可以换一种说法：没关系的！再来一次，爸爸相信你，我们一起来想想办法吧！

孩子听到你这样说，心情肯定不会那么糟糕。

大家可以想想，上面两种说话的方式，哪一种会让孩子觉得有力量感呢？

第二，当孩子取得成功的时候，我们又该怎么做呢？

场景2：孩子完成了一次有难度的拼图挑战

家长态度：这次做得不错哟，很棒！

这样讲，你觉得孩子会有感觉吗？会有力量感吗？

分析对比：当孩子获得成就时，如果我们只是这样说，是远远不够的，孩子无法感受到我们的肯定是否真诚，也不清楚自己究竟哪里做得好。

其实，这是一个非常好的可以引爆孩子内驱力的机会，我们可以试试这样讲：儿子，你真是太有创意了！你是怎么想到的呢？可不可以给爸爸讲一下你当时是怎么做的？

和孩子一起来回顾这次挑战对他成长的意义，然后不断去放大孩子的成就感。我们用这样的方式跟孩子沟通，就是在无形中给孩子输入信心和能量，他就会产生力量感，当他有足够的力量感时，就更有勇气和能力面对新的挑战。

如果你希望孩子内心有力量感，从此刻起，停止当孩子的差评师，当好孩子的人生赋能师，给予他挑战困难的勇气和向上成长的底气。

三、力度：不要学 100 种方法，而要把一种方法用 100 遍

很多家长会学习各种各样的方法，去看各种育儿的书，去拜访很多名师上课学习。学了一种方法之后，信心满满地用在孩子身上，只要没有见到立竿见影的效果，就会产生怀疑，难以坚持下去。

接着，又想去学新的方法，新的方法用了一两次又放弃了，继续寻找"灵丹妙药"，在失败与失落中变得更加焦虑……

在这里，送大家一句话：不要学 100 种方法，要把一种方法用 100 遍！

当我们能够做到这一点时，你会发现：任何一种方法都会变成有效的方法。为什么很多时候被验证过有效的方法，用在你的孩子身上没有效果呢？

道理其实很简单。因为很多家长急功近利，希望这个方法用在孩子身上一天两天就达到立竿见影的效果。事实上，在教育中从来没有"灵丹妙药"，有的只是正确地重复和坚持。

这就是我们为什么反复强调：不要学 100 种方法，而要把一种方法用 100 遍！

换句话说：我们不重视重复和持续的力量，太喜欢去学新东西，而没有在行动和持续上下功夫。

比如，很多女生天天喊着说要减肥，一段时间之后，发现失败的人超过 95%，这里面有没有你的影子呢？事实上，减肥成功的方法可能有成百上千种，真正管用的就是让你减肥成功的那一种。

只有反复去用，在使用的过程中不断总结改进、迭代更新，我们才能真正领悟到这个方法的精髓，才能做到运用自如。只有持续去用，才会真正有力度！

第二节 激活孩子生命力的四大关键

我相信没有一个父母喜欢打骂吼叫孩子，喜欢成天唠叨，喜欢事事替孩子包办⋯⋯

每个父母都希望孩子能够自动自发，凡事积极主动，自己能够少操点心，不用成天围着孩子转，有属于自己的片刻宁静。

如何才能做到呢？答案是要让孩子找到自驱力！

什么是自驱力呢？自驱力的本义是"自我"驱动做事的能力，只和孩子自己有关。外人哪怕做得再多，那也只能叫作"他驱力"或"外驱力"，即使是行之有效也无益于孩子自驱力本身的提高。

比如，一辆汽车发动机熄了火，坏在半路上，一群人下来推车，车会慢慢移动，一旦停止使力，这辆趴窝的破车就会停下来！

你看，有没有特别像我们的孩子，戳一下，吼几句，就动一下。不催不吼，别指望他学习、写作业。

孩子的自驱力去哪里了？我相信没有哪个家长不希望自己的孩子有自驱力，现实情况是，真正有自驱力的孩子却少得可怜，孩子的自驱力究竟去了哪里？

家长经常说：有压力才会有动力。适当的压力一定程度上可以激发自驱力。于是，家长开始不断给孩子施压，我们不知道的是，摧毁自驱力的往往也是压力，是无休止的压力。更可怕的是一旦在物理上彻底摧毁，就几乎不可能恢复。

研究表明，自驱力的来源是人类大脑中掌控理性思考决策的那一部分——前额皮质。一旦前额皮质受损严重，自驱力的物质基础也就不复存在了。

压力所带来的荷尔蒙，也叫皮质醇激素，会导致前额皮质受损。如果皮质醇激素长时间浓度居高不下，就会杀死掌管记忆的海马体细胞，还会抑制前额皮质的生长发育。

简单来说，长期处于压力之中的孩子，会出现记忆力减退，反应慢，没有主见，整个人不受理性控制。一言不合情绪上头，而且容易出现冲动、易怒或者畏缩、逃避的应激反应。

生活中我们是否有这样的经历：当我们对孩子发火，大声吼叫，指责批评时，孩子会感受到强烈压力，连话都说不出来，甚至大脑出现短路，只会哇哇大哭。

很多家长往往会疑惑，为什么我越是陪着孩子，孩子作业反而写得越慢。其实很好理解，家长在身边，孩子随时都有被挑刺的风险，怎么可能把注意力集中在答题上。

说了这么多，只想说明一点：孩子的自驱力一定不是吼出来的，相反，极有可能吼着吼着就吼没了！

长期处于压力当中的孩子，会形成一种恶性循环：孩子压力越大越没自驱力，越没自驱力越不让父母放心，父母越催促，孩子面临的压力越大……

那些自驱力爆棚的孩子，他们的父母都做对了什么呢？

心理学和神经科学经过深入研究，给出了一个"让孩子内驱力爆棚"的黄金配方：自主感＋价值感＋胜任感＋联结感。

自主感：我能选择我想做的事！

价值感：我对他人和社会是有贡献的！

胜任感：我有能力做好这件事！

联结感：我能在一个满充爱与支持的环境里做这件事！

如果父母能够从上面这四个方面给予滋养和保护，就能有效激发孩子的强大内驱力！

一、自驱力的开关：自主感

一个孩子只有在宽容、信任和自由的成长环境中，自驱力才能生长出来。然而，现实生活中，"勤快"的家长们把该孩子做的事情都做了，"聪明"的家长们把原本该孩子想的问题都想好了，孩子只得乖乖地听话照做。

我觉得一件特别可怕的事情是,"听话"这个词是家长和老师对孩子褒奖最多的词之一,孩子的自主感就是在这种"过度干预"和"语言绑架"中逐渐丧失的。

自主感

我能选择我想做的事情

如果家长能够做到充分信任自己的孩子,把选择权交到孩子手中,保持宽容的心态,给孩子尝试和犯错的机会,孩子就能获得发展自主感的宝贵机会。

当孩子在不断的试错中学会生活技能时,就会在困难与挑战中感受到自我的存在,从而获得自我价值带来的充分奖赏。

对于儿子的教育,我是这样做的。

1. 信任孩子

儿子的书和玩具都是他自己选的,每次出去玩要带什么东西自己决定。每天的阅读时间不用提醒,自己选择每天看什么书。出去玩的时候要不要喝水、吃什么东西,都喜欢自己做主,有一次周末带他,看他一直没喝水,我忍不住问了一句:"熊仔(儿子小名),你想喝水吗?"

他很鄙视地回了一句："我想喝水的时候，我自己会说的嘛！"那一刻，我体会到什么叫自讨没趣。从此以后，在确保对方安全的情况下，尽可能减少对他的干预。如果偶尔饿一次、渴一会儿也不会有什么大的问题。不用大惊小怪，也不用批评说教，更不用懊悔自责，因为这是孩子自己的事情。

2. 承担自然后果

熊仔两岁多的时候，有段时间特别喜欢往外面跑，每天都要出去玩，在家里根本待不住。一个周末的早上，天刚一亮就起床缠着我要出门。当时是春天，早上的温度比较低，而且下着小雨，我就把他带到窗户边上，告诉他外面在下雨，等雨停了我们再出去。

他硬是不同意，吵着说："我不怕下雨，我就要现在出去，我就要去公园玩。"这个时候，作为家长，是该同意呢还是拒绝？到底该尊重孩子的想法还是把自己的想法强加在孩子身上？

我选择和儿子商量。我说："爸爸知道你很想出去玩，爸爸尊重你的想法。我们出去之前要穿好衣服，你是想穿蓝色的外套还是橙色的冲锋衣呢？"他选了一件穿上。

接下来我又问："今天出门你是想坐汽车还是电动车？如果坐汽车的话我们就不怕淋雨了，如果坐电动车的话会有点冷。"他选择了电动车，因为那段时间，他迷上了兜风，敞篷的感觉更好一些！

我又继续问他："今天我们骑车出去玩，如果被雨淋了可能会感冒生病，这样就需要打针和吃药。"他说："我不怕吃药。"我说："好的！"说完我们就骑车出门了！

我们骑着车往公园的方向走，凉风吹在脸上，雨点落在身上，小家伙觉得很兴奋，还说了句："下雨天真好玩！"于是，我开始提速，随着速度的加快，更大的风伴随着雨点吹打在我们身上。走了几百米之后，他就冷得开始发抖，回过头对我说："爸爸，我们还是回家玩吧！这下雨天可太冷了，把我都快冻僵了！"

我说："好的！爸爸尊重你，等不下雨的时候爸爸再骑车带你去公园玩。"于是，我们就掉头回家了。

面对一场原本可能的冲突和哭闹，当我把选择权交给孩子，不仅没有发生任何冲突，而且孩子得到了一次宝贵的承担自然后果的自我成长机会，同时多了一次难得的雨中兜风的亲子体验。

我们可以信任自己的孩子，当他们拥有了选择权，知道要对自己的行为负责的时候，他们其实会慎重地对待自己的行为。当你放下担心和焦虑，选择放手时，并给孩子足够多的信任，他们总是出乎意料地做得比我想象中的要好很多。

二、自驱力的燃料：价值感

价值感让孩子产生自己被需要、有价值的感受，他的内心才会有力量去主动承担自己的人生。

试着回想一下，做什么样的事情会让你感到激情澎湃，干劲十足，哪怕再苦再累，也不会感到疲倦。一定是那些我们特别想做的，并且靠自己的努力能够做得很好的事情。当你做完这些事情，大脑就会自动疯狂分泌多巴胺，让我们感到自己就是最厉害的！

我对他人和社会是有贡献的

价值感

我们会为了追求这种美好的感觉，把一件事不停地深入做下去，即使遇到困难和挫折，也会饶有兴趣地迎接挑战。因为曾经那种完成挑战之后的成就感，已经植入到了我们的身体记忆里，让我们感到美妙无比。

如今的孩子很难在学习中找到这样的感觉。他们有的是另一种完全相反的体验：被提醒着，被催促着，被逼迫着……

我之前工作的地方旁边有一所小学，我经常看到正准备上学的孩子，一个个低垂着脑袋，背着重重的书包，脸上一副痛不欲生的表情。

从他们身上，完全看不到这个年纪的孩子该有的野性和活力。他们不像是意气风发的少年，而像是一群被驱赶着修筑金字塔的劳动者。因为金字塔不是为自己而修，即使修筑得再雄伟，他们也不会有成就感。

如果孩子们只是被动地服从，无法感受到自己的参与感和存在感，又如何发展出自我驱动的能力？

在这个育儿焦虑横行的时代，家长们总是唯结果论，急功近利，只求早点看到孩子的学习成果。如熟练掌握数学公式，演奏一首钢琴名曲，通过某个才艺的考级，却忽略了孩子在学习的过程中过于被动，没机会感受自我价值，缺乏大脑兴奋体验。从而对学习产生厌烦感和无力感，这就是为什么随着孩子年级的升高，孩子的厌学情绪越来越重。

以前夏令营中曾有这样一个孩子。

小龙是一个读初中的男孩，他是在妈妈的逼迫下来参加我们夏令营活动的。对于妈妈的这个安排，孩子特别不情愿，为什么呢？因为在家里，他可以睡到自然醒，吹着空调，喝着可乐，耍着自己心爱的手机。也因为如此，妈妈希望孩子能多多参与集体活动，多交一些新的朋友，变得更加自信。同时，也希望减少他对手机和游戏的依赖。

从入营开始，他的情绪一直不高，第1天和第2天的活动都显得很被动，好在没有脱离小组，也没有抗拒老师，为了不让小组扣分，每个活动都勉强参与进来。

从这一点来看，我觉得这个孩子有团队意识，能考虑到别人的感受。到第2天晚上，我们开展了一个提升团队凝聚力的活动，叫合力建塔。所有的队员分成了4组来进行PK（即对抗），优胜的小组会获得加分，孩子们的投入度都很高。在活动过程中，我发现几个小组进展得并不顺利，第一轮让孩子们自己体验，教练只观察，不做指导。

我发现其中3个小组都没有成功，组员之间开始抱怨，只有第三组进展比较快。我观察到失败的小组都有一个共性，每个人手上拿的绳子都使劲地往自己的方向拉，这样就很难形成合力。

第三组的进度要比其他的组略快一些，我注意到这一组里小龙做得特别好，他手上的绳子一直是保持微弯的状态，也就是说他一直想着如何去配合其他的人。发现这一点，我觉得特别兴奋。当时，我们整个教练团队都在用心观察和记录每个孩子的闪光点。

于是，我叫停了第一轮活动，开始点评。先是指出了其他3个小组的问题，接下来肯定了第三组的表现，最后，郑重地把小龙请上台，对他提出了表扬，称赞他很有团队精神，主动配合他人。在那一瞬间，我发现前面两天一直低着头的他把头抬得高高的，眼睛里有光，当所有的孩子把掌声送给他的时候，他露出了一点点腼腆的微笑。

在接下来4天的训练中，他像换了一个人似的，表现非常积极。

这就是看见的力量！当孩子被看见并且感受到自己的价值时，他才觉得自己对他人和社会是有贡献的，当孩子能够感受到这种价值感的时候，他就会不断地让自己变得更好！

三、自驱力的积分榜：胜任感

家长给孩子的鼓励和夸赞能让孩子树立信心，直面困难。儿童心理学家德雷克斯常说："孩子需要鼓励，就像植物需要水"，孩子只有感觉好才能做得好。

孩子天生渴望获得胜任感，并深深地渴望在这个过程中获得父母的肯定。如果父母从来不给孩子一句肯定和鼓励的话，就会打击孩子的胜任感。长期生活在父母贬低下的孩子，会变得越来越没有自信，常常会陷入自我否定，甚至丧失努力的动力。

我有能力做好这件事情

试想，如果你是孩子，当你听到下面这些话的时候，会有什么感受呢？

（1）是你自己做到的。

（2）妈妈相信你一定可以的。

（3）我们再来试一试。

（4）一定会有办法的。

（5）妈妈看到你做得很好！

（6）哇，宝宝，你自己做到了，真是太棒了！

不用说，每个孩子都希望听到上面的这些话，因为这些话表示父母信任他，觉得他可以胜任，自信心也会越来越强。

儿子2岁多时，有一次的经历让我印象非常深刻。

那天，我们从外面开车回来，他新买的玩具车放在后备箱里面，他想自己去拿出来。下车之后，他就尝试着爬到后备箱里面去取他的玩具。因为越野车后备箱比较高，超过了他肩膀的高度，他尝试了十多次都没能爬上去。于是又开始尝试新的方法，刚开始我们还想劝阻他，直接帮他拿下来或者把他抱上去，但看到他那么投入，便不忍心打断他。

于是索性开始鼓励他，我在旁边拍视频，他妈妈就开始鼓励他，给他加油:"熊仔,一定会有办法的!""加油,我们再来一次!""妈妈相信你可以做到!""一定会成功的!"

妈妈的表现让我想起来电影《面对巨人》中死亡爬行的场面。

就这样,熊仔一次次地尝试,掉下来又重新往上爬,嘴里念叨着"看我的厉害!"大概有20多次,但他一直没有放弃,妈妈一直在旁边鼓励他。

整个过程持续了差不多三分钟,最后终于爬上了后备箱,在拿到玩具的那一刻,他高兴地把玩具举过头顶,在车里又唱又跳,兴奋地喊道:"我做到了!爸爸妈妈,你们看,我做到了!"

儿子像一个奥运冠军站在领奖台上,他并不知道什么是胜任感,但是,那一刻,他一定觉得自己特别厉害!

几年过去了,儿子当时那个兴奋的样子依旧让我觉得印象深刻,这段视频我也一直都保存在手机里面,这就是胜任感对一个孩子的影响。当他觉得我可以做到的时候,内心会升腾起难以言表的兴奋和喜悦,这种感觉让他有信心面对新的挑战。

每个家长都希望自己的孩子更加自信,但自信从何而来?

自信来自能力,能力来自学习力,学习力来自不断地练习。孩子每完成一次挑战,就会对自己多一点信心。

自信就是这件事情我做到了,我相信我有能力做好下一件事情,下一件事情我又做到了,我相信我有能力做好更多的事情。

父母的夸赞和鼓励,就是孩子的"最强助攻"。只要父母相信孩子可以做到,同时也让孩子相信自己可以做到,全世界都会给孩子"让路"。

四、自驱力的保护神：联结感

很多家长拿着"知耻而后勇"这把令箭，希望通过威胁、打击、责骂来激发孩子的动力，结果却事与愿违。由此可见，打击和指责并不能激起孩子的内驱力。

（图示：相信自己 / 你一定行 / 联结感 —— 我能感受到父母无条件的爱与支持）

孩子只有在感受到爱的时候，才会听从别人的建议，才会主动改变和成长。父母对孩子无条件的爱与支持，是孩子最好的安全感和最大的底气。在孩子脆弱的时候，最需要来自父母的鼓励和信任。另外，要允许孩子犯错，当他犯错时，要给孩子无条件的爱与接纳。

每一个孩子都有一颗希望做得更好的上进心，父母要做的是无条件地信任孩子，并耐心地鼓励和引导他们。只有让他们相信自己一定可以，才会激发他们的内动力，让他们变得更勇敢、更坚强、更有力量不断地挑战和超越自我。

第三节　智慧父母是如何修炼的

一、远见：做孩子前行路上的灯塔

父母的远见决定着孩子的未来，回顾自己的成长经历，我特别感谢我的父亲，也非常钦佩他当年的远见。

小时候，村里很多孩子，都是上完初中之后就外出打工，到东南沿海的服装厂或电子厂上班。因为农村生活确实非常辛苦，挣钱很不容易，供养一个孩子上高中读大学确实是一笔非常大的开支。

对于靠种地为生的农民来说，这是非常大的经济压力，而且我们家是我和我哥同时在上学，而我的很多小伙伴，都是上了初中之后就纷纷外出打工。不仅家里不需要再开支，而且每年还会往家里拿回一部分钱，甚至女孩结婚用的嫁妆，男孩给自己家盖新房子的钱都可以攒起来。

每次过年回来的时候，出去打工的小伙伴可以买新衣服或者给家里添置家具、电器等，说实话，那个时候的确很羡慕他们。他们打扮得非常时尚，他们的家长也很得意，会在我爸妈面前炫耀说"我们家孩子去年赚了多少钱，今年赚了多少钱！你们家的孩子，每年读书还要花一大笔钱，看你们这么辛苦"之类的话。

每次听到这些话的时候，我心里特别不舒服，一方面确实心疼父母，另一方面也觉得邻居们说得不无道理。但是我爸从来都不会为这些事情所动，不管家里多困难，不管干活多辛苦，他都坚持让我和我哥哥同时读书。

为了攒够我们的学费，我们家在村里种的地是最多的，而且还发展养殖业，养鸭、养鸡、养牛，父母一年三百六十五天每天起早贪黑，省吃俭用，都是为了攒够我和哥哥上高中读大学的学费。

若干年之后，哥哥和我大学毕业，在大城市安家立业，做着自己喜欢的工作，有自己的事业。我们发自内心感谢父母，也非常钦佩父亲当年的远见和坚持。

上学的时候，哥哥的学习成绩很好，初中考上重点高中，高中考上重点大学，大学念完又考上了研究生，毕业后工作机会也比较好。我算不上一个很好的读书材料，初中的时候成绩并不是太好，当时曾一度想初中毕业之后就直接出去打工。我爸坚决反对，坚持让我必须把高中读完，因为他的坚持和重视，我上高中之后读书比较用功，后来考上了大学。

我并不是强调学历一定意味着什么，而是我读高中和大学的这些年，我所学习的知识，所接触的老师和同学的圈子，对我人生的影响和帮助是非常大的！

回头来看，对比当年初中毕业之后出来打工的那些小伙伴，确实存在巨大的差异：不只是收入差距，所接触的圈子完全不一样，再有就是子女的受教育环境也完全不同。

如果说当年我的父母怕辛苦，或者说因为我那个时候厌学成绩差，或者因为亲戚邻居的劝说，让我不再读书，我的人生跟今天就完全不一样了。

或许，我会与大部分初中毕业出去打工的同学一样，一直在工厂里面上班，或者靠打零工为生，不太可能有什么梦想可言，更别说追求自己的事业。他们中的很多人都是结了婚之后把孩子留在老家，让爷爷奶奶带，父母依旧出去打工赚钱，每年重复这样的生活。

父母的智慧和水平很重要，父母的眼光将决定孩子的未来。父母的远见是孩子真正的垫脚石！

做孩子前行路上的灯塔

孩子的成长只有一次，错过了就不会再来。

所以，我想对各位家长说，请珍惜孩子的每一次成长，用长远的眼光正确教育孩子，让孩子更好地成长！

二、放手：孩子只有自己做，将来才能做自己

世界上所有的爱都是为了结合，只有父母对孩子的爱是为了分离。教育的目的是培养孩子解决问题和适应社会的能力，让孩子有勇气和能力独

自面对未来的挑战，过精彩的人生。

不是孩子有了责任你才放手，而是你放手了，孩子才有责任。

选择相信孩子，放手让孩子自己做，是家长必须要过的一道坎。孩子只有自己做，将来才能做自己。

孩子只有自己做 将来才能做自己

我们来看看那个曾经为了孩子愿意少活10年的妈妈后来怎么样了。

第一次见这位妈妈的时候，她特别焦虑，整个人的情绪非常低落，交流过程中，她一直是眉头紧锁的状态。因为担心孩子，焦虑到整夜失眠，40出头的年纪，看起来像50多岁，在咨询室里哭了半个多小时。

她说儿子中考时，故意失踪缺考，现在高三了，白天在教室睡觉，每天晚上出去喝酒、蹦迪、上网，甚至夜不归宿，距高考只有4个月了，妈妈担心孩子"故伎重演"，逃避高考。

通过前期和妈妈的沟通以及和孩子的交流，我了解的情况是这样的：

第七章 克难题：做孩子的人生榜样

这个孩子从小特别优秀，除了学习成绩比较好之外，还非常有才艺，小学时还得过全国少儿美术的三等奖。

孩子的爸爸是某央企的高级工程师，因为工作原因常年在外地。家里的经济条件不错，孩子上初中后，妈妈为了更好地陪伴和照顾孩子，选择辞去工作，全职在家里带孩子。

妈妈对孩子的要求非常高，因为孩子是以全班第一的成绩考进了重点中学。由于期望高，所以倾注的精力也非常多。初三时，妈妈意识到中考对孩子的未来特别重要，所以花了很多时间关注孩子在学校和家里的表现。

妈妈经常通过老师了解孩子在学校的表现，同时经常把孩子在家里的情况告诉老师。孩子在家有一丁点表现不好的地方，老师马上就知道了。这个做法让孩子觉得非常痛苦，有一种不被信任和被监视的感觉。他很讨厌妈妈给老师打"小报告"的行为。

当时，正是孩子性格叛逆的时候。临近中考，老师和父母不断强调成绩和考试的重要性，为了反抗老师和妈妈，孩子故意考得很差，看到老师失落和妈妈生气的样子，他就觉得很开心。妈妈当然不能坐视不理，于是就更加积极地向老师打探他在学校的情况，甚至有时候偷偷到学校观察他上课时的表现。

妈妈的举动让孩子无法忍受，他觉得应该来一场反击。既然妈妈那么在乎成绩，那就刺激她一下。所以他做了一个决定，中考前夕那段时间，一切风平浪静，他表现得很顺从。结果在中考的前一天，他却突然失踪，老师和家长都找不到他，不知道他去哪里了。

结果等到考试结束之后，他淡定地回来了。这个事情让妈妈彻底崩溃了，没办法，木已成舟。原本有机会考入重点中学的他，因为缺考，连个普通学校都上不了。

从那以后，母子关系有了一个短暂的缓和期。但他进了高中没有多久，妈妈又开始了之前的"打探"和"消息传递"，每天除了做三顿饭之外，其他所有的心思和焦点都在通过各种方法打探孩子在学校的表现，以及把家里面孩子所有的表现反馈给老师。

于是，孩子开始了更激烈的反抗和"报复"，凡是妈妈禁止和担心的事情，他偏要去做。比如，他本来不爱喝酒，非得去酒吧，他本来也不是很喜欢上网，就经常去网吧，有时两三点钟才回家，甚至不回家。

孩子为什么要这样做呢？他就是要让妈妈看到，你管我管得有多么失败！你不是特别在乎成绩吗？我就干脆不参加考试；你怕我去上网，那我就要去；你特别害怕我谈恋爱，那我就谈给你看。

出于反叛和对妈妈的报复，什么事情让妈妈伤心难过，让妈妈有失控感，他就会选择去做什么。

第一次和孩子单独沟通，他向我控诉：我妈这个人压根没办法跟她沟通，你也别指望能改变她。谈话刚开始的时候，他的态度比较冷，但是我们聊着聊着，他的情绪就开始变得非常激动，谈到他妈妈的时候，他的眼神里除了愤怒还有憎恨。由此可见，父母多余的爱或者说畸形的爱，给孩子造成的心理压力和反叛有多强。

他当时给我说了这样一句话："即使地球毁灭，我妈这个样子也不会改变！"接着他又大声吼出来："真正需要改变的人是她，不是我！"

我说："特别能够理解妈妈的这种做法给你带来的痛苦，如果她知道结果会这样，我相信她一定不会这样做的！"

第七章 克难题：做孩子的人生榜样

说到这里，孩子在咨询室大哭起来。我觉得这对他来说是好事情，因为他之前压抑得太久了，难得有机会宣泄自己的情绪。

跟孩子聊完后，我再去跟他妈妈沟通，我就把我跟孩子见面的情况，包括孩子说的话完整地告诉了妈妈。妈妈听后崩溃了，在咨询室里哭了大概半个多小时，一包纸巾都用完了。

她没有想到自己为了孩子辞去了工作，放弃了社交，丢掉了自己的兴趣爱好，尽心尽力陪伴孩子这么多年，自己的行为竟然会让孩子觉得如此愤怒，完全把她当成一个敌人，对她有如此强烈的仇恨感！妈妈觉得非常痛心，特别后悔自己过去的做法，没想到孩子这么大了，自己才开始了解家庭教育和亲子沟通的重要性。

我对妈妈说："其实孩子改变不难，关键在于家长能否高度配合。"妈妈坚定地说："只要我的孩子能变好，我宁愿少活10年。"

我笑着说："你不需要少活10年，按照我的方法去做，你甚至可以多活10年。我要你做的事情，其实不难，但对你说不容易。"妈妈就说，不管有多难，我都可以做到！你说怎么做，我照做就是了！

我说，其实就只有四个字，"相信＋放手"。相信，就是相信孩子自己会对自己负责，自己的事情自己能处理好；放手，就是不要去管他，不要去控制他，不要把自己的想法强加给他。

妈妈一听，说这样真的行吗？我说当然可以，你觉得你能做到吗？她说做不到。我说：做不到也得做！

其实，并不是家长真的做不到，而是她不习惯。因为这10多年来她已经习惯性地去掌控孩子，因为孩子就是她的全世界。她不知道，除了管孩子之外，自己还能做什么。因为她完全没有了自己的生活。

我说，如果你做不到这两点，神仙也没有办法！就这样，妈妈沉默了很久，接着她说，我可能做得不好，但我一定努力去做！我说那好，那我们一起来想办法。

于是，我就帮妈妈一起梳理，接下来的每天她做什么。我说，你还没有结婚的时候或者学生时代，有没有让你特别感兴趣的事情？她说，年轻的时候，其实自己算是文艺青年，特别喜欢看书、写作，后来也很喜欢跳舞，但是一直没有机会去学，年纪大了想去学又觉得有点不好意思，可能因为性格有点偏内向。

我说，从现在开始，你可以去做这些事情呀！你每天除了早上给孩子做早饭之外，他去上学之后，你就去做自己喜欢的事情。

她说，我真的不知道该干什么呀！我把当地适合她去的地方梳理了一下，推荐了离她家比较近的一家图书馆和一家环境比较好的咖啡厅。可以去不同的地方体验不同的感觉，可以上午看书，下午去喝咖啡，同时也可以自己写写文章，听听音乐。也可以约两个朋友一起聊聊天，晚上可以报一个舞蹈班，或者直接去跳广场舞！

妈妈认可了我的建议。第一周，她觉得特别煎熬，每天的时间都过得特别慢，但还算坚持了下来。在这一周里，她努力控制自己，不去干扰孩子的生活，不去给孩子过多的关爱，也不去跟孩子发生任何争执。这个过程也可以叫"放生"。

一个月之后，我问她这段时间感觉怎么样。她说："我觉得现在是为自己活着，好像之前这么多年一直都是为孩子活着！当我去做了一些我年轻时候想做的事情，我发现其实还是很开心的。"

这么久来，我第一次从这位妈妈的脸上看到一丝笑容。

然后我又去问孩子最近过得怎么样。他反问我:"你对我妈施了什么法术?怎么我感觉她好像变了一个人?"

我笑而不答。我能感受到,孩子每天的心思没有花在和妈妈斗智斗勇上,这段时间他的表现很好,心思都花在学习上,也没有刻意去做各种调皮的事情,也没有跟妈妈起过冲突。

到5月份的时候,辅导已经持续了两个多月。有一天,妈妈很激动地哭着打电话告诉我:"熊老师,我的儿子变了,重新变回到小时候的那个小暖男了。"

我问她发生了什么?妈妈说,今天起床的时候,发现儿子在她的床头放了一瓶高级香水,还留了一张小纸条:妈妈辛苦了,节日快乐!在那一瞬间,她感动得哭了!

其实,孩子真的没有我们想象得那么难教!当天使拥抱他的时候,他就是天使!当恶魔缠绕他的时候,他就是恶魔。

虽然这个孩子最后没有考上本科,只差一点点,但是比他刚来的时候,分数大概提升了150分,这对他来说是一个巨大的进步!后来,他选择了一所不错的专科学校,大学期间开始自己创业。

开学前,他们全家人约我一起吃饭,他和爸爸妈妈的关系非常融洽。席间,爸爸妈妈也跟我讲了很多孩子身上的优点。更神奇的是,再次见到这个妈妈的时候,感觉比之前年轻了至少10岁。

其实,每个独立、勇敢和自信的孩子背后,都站着一个愿意相信、敢于放手的家长!他们看上去狠心甚至无情,但正是他们的远见和放手,让孩子有了更多独立面对挑战的机会,在风雨中成长!

三、同行：做孩子一生的朋友

随着时代的发展，我们发现"棍棒底下出孝子"的绝对权威式方法已经行不通了。信息公开透明程度越来越高，孩子越来越有自己的想法，在很多问题的认知上甚至远远超越家长。

因此，我们可以弯下腰来，做一个与孩子平等对话，和孩子成为朋友，共同成长式的家长。

说到这里，有些父母很不服气，说"父母就应该有父母的样子，和孩子做朋友简直是笑话"。可是往往越是这样的父母，会发现随着孩子年龄的增长，孩子与父母之间的屏障越来越厚，想传达给孩子的信息越来越被排斥在外。这种逼迫孩子认同自己权威地位的方式，反而会让孩子更反感，进而远离父母，封闭自己。

当我们换个角度，试着和孩子成为朋友，会惊喜地发现孩子有什么想法都会及时告诉自己，遇到问题也会来寻求家长的帮助，并对自己的建议非常重视，家长的权威反而在轻松愉悦的亲子关系中轻松建立起来了。

孩子不属于父母，但父母永远属于孩子。父母的理解、尊重和爱是奠定孩子安全感和自信心的基础，也是孩子永远的避风港。我在做线下咨询的时候，发现那些误入歧途或者遭受心理创伤的孩子，往往都有一个特点，就是和父母的关系非常不好。

这两者之间有什么必然的联系吗？其实道理很简单，如果孩子无法信任父母，那当他遇到一些困惑、人生难题或者难以启齿的事情时，他们往往会求助于谁？

可能是身边的朋友，但是他的同龄人很难有能力帮助他。此时，更多的孩子会选择求助于网络，当他在网络上浏览这些信息的时候，真的能找到行之有效的答案吗？

说实话，成功的概率很小。一方面，网络上的信息可能会比较片面，甚至有一些负面信息，我们的孩子很难有足够强的辨别能力；另一方面，网络上的人良莠不齐，如果孩子聊天的对象恰好是个不怀好意的人，可能很容易把孩子引入歧途。

父母为什么一定要成为孩子值得信赖的朋友？因为只有足够的信赖，我们才能成为孩子无话不说的朋友，才能在孩子需要的时候给孩子最有效的帮助和保护。

做孩子一生的朋友

下面，我们来聊聊，如何才能和孩子成为好朋友。

1. 平等：放下"我以为"，永远对孩子充满好奇心

说到平等，很多孩子觉得这是对父母的一种奢望。现实生活中，不少家长心中有一个牢不可破的信念：孩子就应该听我的！在很多父母看来，我吃过的盐比你吃过的米多，我走过的桥比你走过的路还多，所以，我说的一定是对的，我这也是为你好！

很多家长一听说要把自己放在跟孩子平等的位置上，连连摇头，他们会觉得，平等就意味着放弃对孩子的引导。其实，恰恰相反，当孩子感受到平等和尊重的时候，我们才有机会引导。邹璐老师在《亲子沟通密码》一书中讲到，没有孩子可以被说服，除非他愿意。

在引导的同时，要尊重孩子的思考和表达。比如：在向孩子提问的时候，问题必须是开放性的，不能预设答案。现实中，不少父母往往喜欢引导甚至引诱孩子说出家长心中预设的答案，而不是发自内心地倾听孩子的意见，也并没有对孩子的见解真正感兴趣。

如果家长愿意把问题开放给孩子，而且不带任何预设地听孩子讲述自己的奇思妙想，就会发现他有源源不断的新创造。这样做并不是刻意为之，如果家长假装对孩子感兴趣，孩子是能够察觉到的，而且刻意伪装也不是真正的平等，而是对孩子的迁就。

怎样做才能更好地实现平等呢？答案是放下"我以为"，永远对孩子充满好奇心。

2. 共情：不要试图把孩子带入你的世界，尝试走进孩子的世界

很多家长尤其是青春期孩子的父母往往有这样的苦恼：孩子不愿跟我们说话。当我去问孩子的时候，孩子的回答基本是"我跟他们没话说"。这句话道出了亲子沟通的真相，父母和孩子就像两个不相交的圆，没有交集。

如何才能和孩子做朋友呢？

对孩子感兴趣的事情，家长只需要展现出真诚就好，这才是孩子真正需要的。当家长带着好奇心走进孩子的世界，把自己放到孩子的视角去看事情，不仅能够丰富自己的兴趣爱好，还有可能收获意想不到的惊喜。

当我们看到孩子的喜爱，关心孩子行为背后的想法，听到孩子内心的渴望和需求时，我们和孩子之间不仅有交流的话题，还能产生情感共鸣。

3. 相信：父母的信任，是孩子前行的底气

能和孩子成为好朋友是多么幸福的事，一个被父母平等相待、共情同理、充分信任的孩子是多么幸运。下面，我给大家分享一对母女的故事。

孩子就读于成都一所重点高中，平时的学习非常紧张，竞争压力也很大。临近高考的时候，得知篮球明星科比要来成都体育馆参加活动，孩子就特别激动，因为她是科比的粉丝，特别想亲眼去见见科比。

妈妈想了一下，觉得应该支持孩子，然后就帮她一起跟学校的老师请假，当然不是说去参加科比的活动。然后，妈妈也跟单位请假，陪孩子一起去见偶像。孩子当天特别开心，回学校之后学习状态也特别好，高考的时候超常发挥，考得比平时都要好！

更重要的是，经历这件事后，孩子更觉得妈妈是她非常要好且值得信赖的朋友。

这位妈妈很骄傲地跟我讲，孩子从小到大，我没有花特别多的时间去辅导她的作业。她想上什么班，想买什么资料，都是由她自己决定的。后来她去英国留学，包括签证、考雅思这些全部是她自己去办的。她在剑桥大学读的是环境工程和金融的双学士，还没有毕业，就收到3家世界500强企业的录用通知。

父母们一定要懂得，当我们的孩子能够感受到平等和尊重时，才愿意充分表达；当孩子内心的渴望和需求被看见时，才愿意对父母敞开心扉；

一个从小被信任滋养的孩子未来是什么样的呢？

孩子的眼里定是有光，心中有天地，脚下有坦途，他们会带着父母的善意，去打造属于自己的一片天地。

【致谢】

让天下没有难教的孩子

终于写到这里了。

在此,向一直信任我的家长、指导我的老师和帮助我的朋友们表示由衷的感谢!

在从事青少年教育和心理咨询的这十多年时间里,我发现有太多在课堂上和咨询室里解决不了的问题。在当家长的五年多时间里,我愈加强烈地感受到教育真正的根在家庭。

我希望有更多的家长了解、重视和参与到家庭教育中来。

重新认识自己,做自己的生命疗愈师;

先懂孩子再懂教,做孩子的宝石鉴赏家;

做孩子的人生构架师,清楚我们想把孩子培养成什么样的人;

做孩子成长的生态守护者,打造健康的家庭生态系统;

学会好好说话,做孩子的人生赋能师;

不断学习成长,做孩子的成长教练;

一路闯关升级,攻克道道难关,修炼成高效能父母,做孩子的人生榜样!

父母需要的不是批评者,告诉他们做得有多么不称职。他们需要的是指导者和帮助者,教他们如何才能做得更好!孩子需要的不是差评师,告诉他们做得有多么糟糕,而是需要一位智慧的引导者,告诉他们如何勇敢做自己。

当我们找到了这个答案，相信家庭教育便不再是难事，亲子沟通也不再痛苦，父母可以享受做家长的乐趣，孩子也能健康快乐地成长。

感谢十多年来信任、支持、陪伴我成长的家长和孩子们，透过他们的问题，我不断探寻教育的本质，不断学习和精进自己。

感谢他们的充分信任，让我有机会见证了他们成长路上的悲喜，在引导他们走出困惑的过程中，我和他们一起找寻自己，帮助他们成长为自己真正喜欢的那个人。是他们让我找到自己心中所爱，教我如何成为更好的老师！

感谢我的父母，让我有机会体验精彩的人生！

感谢我的爱人，是她让我感受到支持的力量！

感谢我的孩子，是他让我理解父亲的含义！

感谢我的读者，让我们成为彼此的同行者！

最后，特别感谢我心理学路上的启蒙老师朱晟华教授，是他的引导与陪伴，让我在教育的道路上不断前行，越走越清晰！

感谢我的SI导师黄秋蓉，她对教育的用心和对孩子的爱时时感动着我，她的生命故事给了我很大的鼓舞和力量。

感谢@联结者刀哥的赋能，他在旅居途中与我进行了一场生命价值的对话，给予我宝贵的指导建议，并用心为本书做序。

感谢本书的策划人姚茂敦老师，在我想打退堂鼓时，给我鼓励和支持，感谢他的耐心指导和帮助，让本书有机会与大家见面。

致敬伟大的父母、可敬的老师、可爱的孩子和每一位出现在我生命中的贵人！

熊 勇

2023年1月18日于湖北老家